시골에서는
고기 살 돈만
있으면
된다면서요

시골에서는
고기 살 돈만
있으면
된다면서요

초판 발행 | 2025년 8월 20일

지은이 | 김영화

발행인 | 신중현
표지디자인 | 박병철
책임편집 | 양성애
교정교열 | 박선아
마케팅 | 신호철

펴낸곳 | 도서출판 학이사
출판등록 | 제25100-2005-28호

    대구광역시 달서구 문화회관11안길 22-1(장동)
    전화_(053) 554-3431, 3432   팩시밀리_(053) 554-3433
    홈페이지_http://www.학이사.kr
    이메일_hes3431@naver.com

ⓒ 2025, 김영화
이 책은 저작권법에 따라 보호받는 저작물이므로 무단복제를 금합니다. 내용의 전부 또는 일부를 이용하려면 반드시 저작권자와 학이사의 서면 동의를 받아야 합니다.

ISBN _ 979-11-5854-581-9 03810

* 이 책은 대구출판산업지원센터의 '2025년 대구우수출판콘텐츠 제작 지원 사업'에 선정되어 발행되었습니다.

초보 농사꾼의 고군분투 영농기

시골에서는 고기 살 돈만 있으면 된다면서요

김영화 지음

학이사

작가의 말

　아버지가 돌아가시자 삼년상을 치르는 마음으로 시작한 농사였습니다. 벌써 여러 해가 지나고 있습니다. 이렇게 될 줄 알았으면 살아 계실 때 많이 도와드리고, 많이 배울 걸 하며 늦은 후회를 합니다.

　이제는 여리여리한 레이스 가득한 옷보다 고무줄 바지가 더 잘 어울리고, 흙이 묻어도, 벌레가 옷깃에 붙어도 별것 아니라는 듯 툭툭 털어냅니다. 진드기마저 익숙해졌습니다. 동물들이 싸고 간 똥을 봐도 찌푸리지 않고 거름 생겼다며 좋아하는 여유를 부립니다. 호미, 괭이, 삽 등 연장 보기를 백화점 명품 보듯 합니다.

　겨울 이야기를 첫 번째로 넣은 것은 겨울은 농사를 끝내고 쉬는 계절이 아니라 시작하는 계절이기 때문입니다. 논은 잘린 볏짚이 흙과 잘 섞이도록 갈아엎어 놓아야 하고, 나무들은 가지치기 작업을 마쳐야 합니다.

　바람과 햇빛과 물 등 환경을 잘 읽어야 하고, 꾸준히 보아야 모든 식물이 잘 자랄 수 있다는 것을 배웁니다. 아직 생계형 농사는 꿈도 꾸지 못하는 수준이지만 풀인지, 작물인지 조금씩 알게 되고 농사가 손에 익어 갑니다.

귀찮을 정도로 농사일을 물어봐도 한결같이 친절하게 가르쳐 주시는 분들께 감사드립니다. 땅으로 맺은 인연으로 기쁘고 소중한 하루하루를 보냅니다.

인터넷 세상에 누가 책을 읽겠냐고, 책을 내려면 종이가 필요하고, 종이를 만들려면 나무 몇 그루 베어내야 하는데 자연보호 차원에서라도 하고 싶지 않다며 글쓰기를 망설이는 저에게 "재미있는 일이 생길 것입니다."라며 격려해 주신 도서출판 학이사 가족분들께 감사드립니다.

출판으로 인하여 더 값진 행복을 얻었습니다.

2025 가을을 기다리며
김영화

차례

작가의 말 …… 4
마무리하며 / 흰색 하이바 …… 202

겨울 - 소한 추위는 꿔다가라도 한다

홍시 …… 12
한 아이를 키우는 데 온 마을이 필요한 것처럼 …… 16
시골에서는 고기 살 돈만 있으면 된다면서요? …… 20
거름을 많이 한다고 다 좋은 것은 아니야 …… 24
눈은 보리의 이불이다 …… 27
젊은 엄마와 늙은 딸이 민화투 치는 동짓날 밤 …… 30
소한 추위는 꿔다가라도 …… 34
농사는 잘 지어야 하고 판매는 더 잘 해야 하고 …… 38
여기가 노천온천이야? …… 42
그런 날이 있어 …… 46
입동에 시집온 며느리는 복이 있다 …… 50

봄 - 청명에는 부지깽이를 꽂아도 싹이 난다

봄은 조용히 와서 바쁘게 간다 …… 56

우수 뒤에 얼음같이 …… 60

잠에서 깨어나는 봄의 선율 …… 64

춘분에 밭을 갈지 않으면 …… 68

사먹는 것도 좋지만 …… 72

한식에 죽으나 청명에 죽으나 …… 75

부지깽이를 꽂아도 싹이 난다 …… 79

곡우에 가물면 땅이 석 자나 마른다 …… 82

이천오백 원의 행복 …… 85

사랑이라는 이름의 밑비료 …… 89

여름 – 하지를 지나면 발을 물꼬에 담그고 잔다

입하 물에 써레 싣고 나온다 …… 96

밥정 …… 102

발등에 오줌 싸는 망종 …… 105

눈치가 있어야 절간에서도 새우젓을 얻어먹는다는데 …… 108

야반도주 …… 112

사람을 환장하게 하는 환삼덩굴 …… 116

복숭아 봉지 씌우기 …… 120

어정칠월 …… 124

대서에는 염소 뿔도 녹는다 …… 127

방아쇠수지증후군 …… 131

입술에 묻은 밥풀도 무겁다 …… 135

꽃보다 쌀 …… 140

쌀 팔러 간다 …… 144

에어클리너 커버는 어디로 갔을까 …… 147

가을 - 입추 나락 크는 소리에 개가 짖는다

개밥보다는 사람밥이 더 비싸야 …… 152

귀뚜라미 등에 업혀 오는 처서 …… 156

베개 속에서 호두 구르는 소리 …… 160

힘 나는 시골살이를 위하여 …… 164

온갖 잡새가 날아든다 …… 167

농사를 하려면 낫질부터 배워야 …… 172

목화솜 이불 두 채 …… 176

달콤한 감 먹고 마음까지 달콤하게 …… 180

농사는 사람과 자연이 함께 하는 일 …… 183

사는 게 꽃 같네 …… 187

공부하지 않으면 농사도 못 한다 …… 190

감 도둑 …… 194

힘만 들고 돈은 안 된다지만 …… 198

겨울

소한 추위는 꿔다가라도 한다

홍시

"생각이 난다~♪, 홍시가 열리면 울 엄마가 생각이 난다~"

라디오에서 〈홍시〉 노래가 들려온다. 홍시를 보면 아버지 생각이 먼저 난다.

홍시로 많이 먹는 대봉감은 곶감용인 둥시보다 조금 늦게 수확을 한다. 감이 익어가기 전에 새 떼가 와서 쪼아대는 경우가 있어서 더 신경을 써야 한다. 늦가을의 얕은 서리를 몇 번 맞으면 당도가 더 높아진다. 일반적인 감의 껍질과 과육이 고운 주황색이라면 홍시의 껍질과 과육은 다홍빛에 가까운 빛깔을 띠고, 당분이 높아지면서 열량도 높아진다. 대봉감은 곶감으로 만들기도 하지만 후숙과정을 거쳐 홍시로 만들어 시원하게 많이 먹는다.

잘 익은 홍시는 반으로 갈라서 호로록 먹을 수 있는 무른 식감이다. 본래 씨가 있던 부분은 매끄러우면서도 탱탱한 느낌이 있어 톡톡 씹어 먹는 재미가 있다. 전체적으로 물렁한 홍시는 씹는 즐거움을 주며, 소화를 돕고 위장의 불편함을 완화하는 데 도움을 준다.

감나무에 주렁주렁 열린 감이 맛있게 익어 가고 있던 늦가을이었다. 아버지의 병원 침대 옆 링거 폴대에도 수액이 담긴 링거가 주렁주렁 걸렸다. 약물에만 의존하고 있었다. 심란한 마음으로 서리를 맞으며 자연스럽게 익어 식감이 부드러워진 대봉감 홍시를 가지고 갔다. 입원 기간이 길어지면서 음식을 거의 먹지 못했다. 스스로 씹어서 삼키는 것을 힘들어했다. 먹고 조금이라도 힘을 내길 바라는 마음뿐이었다. 너무나도 조용한 병실. 갈 때마다 낯설었다. 잠을 자는 분, 작은 목소리로 기도를 하는 분, 집에 간다고 옷을 달라고 조르는 분, 커튼 사이로 보호자들의 한숨과 꾹꾹 눌러 참는 눈물이 새어나오던 곳.

"올해 대봉감도 풍년이고, 홍시도 맛있으니까 먹어보세요."

엄마가 천천히 숟가락으로 홍시를 떠서 입에 넣어드렸다.

우물우물 혀를 굴리며 어렵게 삼켰다. 그러나 세 숟가락을 채 못 먹고 고개를 돌렸다.

며칠 지나 함박눈이 펑펑 내리던 날이었다. 첫눈이 이렇게 많이 내리냐며 놀라워하고 있었다. 날씨 또한 추워져 빙판이 만들어지고 있으니 조심하라는 방송이 계속 나오고 있었다.

"눈이 많이 내려요. 내년에도 풍년이 되겠어요."

우리는 함께 병원 창문으로 눈이 내리는 모습을 한참 동안 바라보았다. 그리고 다음 날인 12월 12일 새벽. 아버지는 하늘의 별이 되었다. 그렇게 아버지가 지상에서 마지막으로 드신 음식은 홍시가 되어 버렸다.

냉해 피해가 심하던 해였다. 둥시감은 얼마 수확하지 못하였지만 대봉감은 제법 수확을 하였더랬다. 하나하나 정성을 다해 과일망을 씌워 포장하였다. 감끼리 부딪혀서 멍이라도 들면 홍시가 되었을 때 시커멓고 맛도 떨어지기 때문이다. 아버지가 드실 수 있도록 조심조심 가져갔던 그때를 생각하며 포장에 더 신경을 썼다.

과일망은 일반쓰레기로 종량제 봉투에 버려야 한다고 안내문까지 곁들였다. 보기에는 스티로폼처럼 보이지만 과일망은 PEP 재질로 분리 수거가 되지 않는다. 택배상자를 열어보고는 많이 놀랐다는 고객의 전화를 받았다. 대봉감을 하나하나 포장해서 보낼 줄은 몰랐다고. 정성에 감동하였다고. 생산자로서 당연한 것인데 이런 전화를 받으면 몸 둘 바를 모르면서도 감사하다. 힘이 난다.

아버지가 돌아가신 지 여러 해가 지났다. 그만큼 나무들도 많이 자랐다. 올해도 대봉감은 주렁주렁 많이 열렸다. 하나하나 포장하여 상자에 넣는다. 모두 맛있게 먹고 건강하길. 이것이 지상에서의 마지막 음식이 아닌, 오래도록 가까이 두고 친구처럼 편하게 먹을 수 있는 음식이 되길. 달콤한 인생으로 지내길.

한 아이를 키우는 데
온 마을이 필요한 것처럼

 농사일을 마무리하는 가을이 지나면 한숨 돌리는 겨울을 맞이한다. 겨울이라고 해도 그저 푹 쉴 수 있는 것은 아니지만 그래도 마음은 느긋해진다. 시골에 살다 보니 나무, 돌, 산짐승 등 야생과 어울려 살게 된다. 무섭지 않냐고 하는 사람도 있는데 살다 보면 괜찮다. 일상의 한 부분이다.

 어느 날인가 집 곳곳을 둘러보다가 집 뒤에 있는 참나무 몇 그루가 덩치도 커지고 키도 커진 것을 볼 수 있었다. 올려다보니 까마득하다. 위협적이다. 몇 그루 베어야겠다.

 산에 있는 나무는 주인이라도 함부로 베어서는 안 된다. 면사무소에 전화하니 서너 그루는 신고하지 않고 베어도 괜찮다고 한다. 특히 집을 위협하는 나무는 잘라도 된다고 하니 안심이다. 헬멧을 쓰고 톱을 들고 집 뒤로 간다.

톱등으로 나무를 툭툭 치며 "자르겠습니다."라고 말하고는 톱질을 시작한다. 껍질이 튕겨 나가고 딱딱한 나무로 톱이 옮겨갔다. 아버지가 가르쳐 준 대로 밀 때는 천천히, 당길 때는 힘을 주어 톱질한다. 그러다 힘이 들면 고개 들어 나무를 한번 올려다본다. 가지가 많이 뻗지 않았네. 늘씬한 자태군.

아직 나무의 절반도 자르지 않았는데 톱이 꿈쩍을 않는다. 나무가 톱을 꾹 누르고 있는 형상이다. 이를 어쩐담. 손으로 발로 밀어보아도 나무는 "감히 나를!" 하는 모양새로 요지부동이다. 잘못하다간 톱이 부러질 판이다.

집에 가서 사다리라도 가져와야 하나? 밧줄로 묶어서 나무를 자른다는 말을 들어본 것도 같은데 어떻게 하는 거지? 머릿속이 하얘지기 시작한다. 탑돌이 하듯 나무 주위를 뱅글뱅글 돌아보아도 아무 생각이 안 난다. 멀리서 이장님이 지나가길래 애타게 불렀다.

"이를 어쩌면 좋을까요?"

어금니 사이에 낀 생선 가시처럼 불편해 보이는 톱과 나무를 보더니 나를 바라본다.

"집에 밧줄 있어? 사다리도 가져오고."

허둥지둥 창고에서 사다리와 밧줄을 가지고 온다. 나는

사다리를 꽉 잡고 있고 이장님은 천천히 올라가 두툼한 나뭇가지에 밧줄을 건다. 마음 졸이며 이장님과 나무를 바라본다. 함께 밧줄을 당겨보지만 꿈쩍도 하지 않는다. 반장님도 부르고, 아주머니도 부른다. 경로당에서 화투 치던 할머니들은 조용한 시골동네에 재미난 일이 생겼다며 보러 왔다.

줄다리기하듯이 줄을 잡고 하나둘 하나둘 숨을 깊게 들이쉬고, 내쉬는 것을 반복하며 당기고서야 톱을 뺄 수 있었다.

"아니 어떻게 이 톱으로 큰 나무 자를 생각을 했어? 그런데 나무는 잘라서 뭐 하게?"

"너무 키가 커서 위험해서요. 집이 다칠 수도 있고요."

이장님과 반장님이 기계톱을 가져와서 나무들을 다 잘라주었다.

"저기… 이왕 자른 김에 참나무에 버섯종균을 넣어볼까요?"

"그냥 만 원어치 사다 먹어."

사실 아버지가 돌아가시고 농사를 짓게 되면서 많이 외로웠다. 아니 무서웠다. 어디 가서 하소연도 못 하고 끙끙 앓기도 하였다. 한 아이를 키우는 데 온 마을이 필요한 것처럼 한 사람의 농부를 키우는 데도 온 마을이 필요하다. 같이 나무를 자르면서 우리는 동지가 되었다.

집 안에 모여서 차도 마시고 간단하게 간식도 먹었다. 가파르게 오르는 물가에 지지 않으려고 농약값이니, 비룟값도 무섭게 올라간다는 이야기를 나누고, 큰 골칫거리인 선녀벌레부터 뱀이나 두더지, 멧돼지 등의 퇴치방법에 대해 각자 저마다의 꿀팁을 이야기하며 목소리가 커진다. 농기구를 다루다 다친 사람이 많다면서 호미질 하나라도 조심해야 한다는 말을 나눈다. 농사를 종교처럼 품고 평생 한길을 걸으며 진심을 다해 농사짓는 사람들이 내 옆에 있다. 엄지 척! 농부들이 우리 동네에 살고 있다.

시골에서는 고기 살 돈만
있으면 된다면서요?

　　　　　창밖을 보며 사그락사그락 눈 내리는 소리를 듣는다. 잘 뭉쳐질 것 같지도 않고, 금세 그칠 것 같지도 않은 눈이다. 나무에도, 말라도 꼿꼿이 형태를 유지하고 있는 풀숲에도 차분하게 눈이 쌓이고 있다.

　　휴대폰으로 안전문자가 계속 온다. 눈이 많이 내려 내일은 도로결빙이 우려되니 미끄럼 사고에 주의하라는 내용이다. 이렇게 눈 내리는 날은 지나가는 자동차도 보기 어려운 게 시골마을이다.

　　면사무소에서 가져다 놓은 염화칼슘을 꺼내어 놓는다. 큰길은 제설차가 다녀서 문제 없지만 외딴집이라 들어오는 진입로가 얼어버리면 걸어 다녀야 한다. 햇볕이 닿지 않는 곳은 눈도 천천히 녹고, 추운 겨울철 날씨에 얼어버리기라도 하면 봄이 올 때까지 얼음길이다. 눈이 얼마나 오려나? 들락거리며 잿빛 하늘을 올려다본다. 비료망태기에 염화칼슘을 덜어 담고는 어깨에 메고 나선다. 얼지 않은 나뭇가지에 쌓인 눈이 예쁘다. 논밭에 쌓인 눈은 더 예쁘다. 여기저기 시선을 주다가 한 줌씩 염화칼슘을 집어 길 위에 뿌린다. 땀도 나고 허리도 아프다.

추수로 분주했던 가을을 보내고 겨울이 오면 시골은 하는 일 없이 조용할 것 같지만, 그렇지 않다. 미처 정리하지 못했던 농작물의 뒤처리도 해야 하고, 내년 봄 맞을 준비에 들어가야 한다. 물론 좀 쉬면서 봄에 하지 뭐, 이러며 내팽개쳐 놓아도 누가 뭐라고 하지 않겠지만 농사꾼의 눈에는 할 일이 계속 보인다는 것이 문제다. 겨울은 다음 계절을 맞이하기 위한 준비의 시간이다.

겨울 찬바람 맞으면서 이겨내는 겨울초, 월동용 시금치들은 잘 있는지 살펴본다. 날씨가 춥고 수분이 없으니 더디게 자란다. 그만큼 속을 꼼꼼하게 채워가고 있겠지 생각한다. 직접 키워야 하는 수고로움이 있지만 봄이 되면 입안을 행복하게 만들어 준다.

겨울이 되어도 겨울잠을 자지 않는 멧돼지들이 망가뜨리며 지나간 울타리도 손봐야 한다. 두더지가 지나간 자리에 생긴 불룩하게 올라온 흙무더기는 발로 꾹꾹 밟아 메워 놓는다.

시골 생활을 모르는 사람들은 씨앗만 뿌려놓으면 그냥 잘 자라고, 나무만 심어놓으면 열매가 열리는 줄 안다. 시골에 살면서 가장 많이 들어본 말이다.

"시골에서는 고기 살 돈만 있으면 된다면서요?"

"누가 그래요?"

되물으려다 불필요한 언쟁이 될 것 같아 꾹 참는다. 시골도 사람 사는 곳이다. 세금 내고 산다. 땅에다 씨앗을 뿌리려면 돈 주고 씨앗을 구입해야 한다. 거름도 비료도 구입한다. 자기 땅이 없으면 임대료 내고 농사지어야 한다. 무엇 하나 거저 얻는 것은 없다.

마당에 숯불 피워 바비큐할 생각부터 한다. 물론 아파트에서는 하기 힘든 바비큐 파티를 언제든지 할 수 있다는 매력은 있다. 예쁜 야외 조명 아래에서 분위기 있는 음악을 들으며 와인잔도 기울인다. 다음 날은 그 조명을 향해 밤새 달려들다 죽은 날벌레 사체를 치워야 하고, 벽체를 따라 올라간 거미줄을 제거해야 한다. 나쁘다는 게 아니라 그 이면의 생활이 어떤 것인지도 알아야 한다는 말이다.

부지런해야 하고 무엇이든 내가 직접 해야만 하니 최소비용으로 견딜 수 있을 만큼 쓰며 살아야 한다.

이런저런 생각을 하다 보니 염화칼슘을 다 뿌렸다. 시골 살이의 매력과 고단함이 한꺼번에 밀려온다. 염화칼슘을 담았던 비료망태기를 깨끗하게 씻어 엎어 놓는 오후다.

거름을 많이 한다고
다 좋은 것은 아니야

　　　　수확을 마친 감나무밭은 유난히 조용하다. 소설이 되기 전에 감사의 비료를 준다. 한 해 동안 수고했다고 인사도 하고 밭을 한 바퀴 둘러본다. 휴식기에 들어간 밭은 바람마저 조용히 지나간다.

　일이년생 어린나무는 볏짚으로 감싸준다. 볏집이 없을 때는 신문지도 괜찮다. 열다섯 겹 정도로 신문지를 말아 둘러주면 된다. 신문지 생각을 했던 것은 순전히 노숙자들 때문이었다. 어느 해인가 볏짚이 부족했었다. 그러다 창고 한쪽에 있던 신문지가 눈에 띈 것이었다. 노숙자들이 추운 겨울에 신문지를 덮고 종이상자를 집 삼아서 보내기도 한다는데, 나무도 괜찮지 않을까 해서 둘둘 말아준 적이 있었다. 이듬해 봄까지 가슴을 졸이다 새순이 쏘옥 올라오는 것을 보고서야 어깨가 펴졌던 기억이다.

　농사는 예방이 제일 중요하다. 볏짚으로 감싸주는 것은 어린나무의 동사를 예방한다는 것이지, 동사로 절대 죽지 않는다는 것은 아니다. 나이를 먹은 나무가 한 번씩 죽는 경우도 발생한다. 안타깝지만 어쩔 수 없다. 다시 어린나무를 심는다. 농사는 정말 어려운 일이다. 끊임없이 돌봐 주어야 한다. 다 자랐다고 해서 안심할 수도 없다. 세상에 쉽고 편한 것은 없다.

　감농사를 시작하면서였다. 어린 감나무가 자라 꽃이 피고 처음 감이 열렸다. 그런데 유난히 우리 집 감은 늦게 익었다. 값을 잘 받으려면 하루라도 일찍 수확해야 하는데 감도, 감나무 잎도 시퍼렇기만 했다. 알로록달로록 단풍이 들면서 감도 색이 들어가는 거라고 하는데, 어쩐지 잎과 열매는 한여름처럼 푸르기만 하였다.

　나무 탓인지, 토양 탓인지 도통 모르겠다. 햇볕도 잘 드는 밭인데 왜 그럴까? 늦게 익는 감이 있다는 말은 못 들어본 것 같다. 시월 중순인데도 푸르기만 한 감을 하나 따서 농약담당자에게 보여주니 감은 병도 없고 건강한데 거름을 많이 준 것 같다고 했다. 거름을 많이 주면 좋은 줄 알고 왕겨와 닭똥을 삭혀서 발효한 거름을 가득 퍼서 준 것이 화근이 될 줄이야. 땅에 잘 스며들라고 벅벅 흙을 긁어 덮어주기까지 했으니.

닭을 키우면서 생기는 닭똥으로 거름을 만드는데, 닭똥 거름에는 산성 성분이 많아서 열매가 더디 익는 현상이 발생할 수 있다고 한다. 이듬해 봄부터는 거름 주기를 조심히 하였다. 나이를 먹을수록 맛있어지고 열매도 많이 맺는 감나무에 뿌리를 조심하며 흙을 채워주고 살충, 살균에 더 힘을 쏟아주었다.

모든 나무 관리에서 중요한 것은 거름 주기와 가지치기다. 과하지 않게 거름을 주면서 바람과 햇볕이 잘 통하도록 가지치기를 해주었다. 9월 들면서 인산칼슘을 열흘에 한 번씩 엽면시비 해주었다.

넘치는 것보다 모자라는 게 좋다고 했던가. 사람이든 식물이든 소화시킬 만큼 먹어야 한다. 그래야 탈이 나지 않고 건강한 몸과 마음으로 행복하게 살아갈 수 있는 것이다.

눈은 보리의 이불이다

　　눈이 내린다. 밤새 내리는가 싶더니 아침까지도 그치지 않고 내리고 있다. 눈 내리는 소리를 듣는다. 눈도 소리를 내며 내린다는 것을 새삼 느끼며 한참 동안 창밖을 본다.

　　천천히 눈은 내리고, 잿빛 하늘 아래 대나무는 눕지도 못하고 눈을 한 아름 안고는 무거워진 몸으로 흔들거린다. 소나무는 꼿꼿하게 푸른 자리를 지키고 있다. 마당의 감나무에 새가 날아든다. 몇 개 남은 감을 쪼아먹는다. 춥지도 않은지 눈을 맞으며 계속 부리질이다. 눈의 무게를 이기지 못하고 한껏 고개를 숙여버린 마른 꽃대들이 보인다. 눈이 내려 눈이 호강하는 아침이다.

눈이 소강상태가 되면서 감상에서 빠져나온다. 눈 대신 숙제가 내려지는 하늘이다. 눈이 얼어붙기 전에 치워야 한다. 큰길은 이장님의 트랙터가 지나가면서 치워졌고 마을 어르신들은 빗자루, 눈삽 등을 가지고 나온다. 눈을 치우자는 방송이 없었는데도 모두 모자에 장갑을 끼고 눈 치울 준비를 한다.

"올겨울 들어 처음이네. 이렇게 눈이 많이 내린 게."

"그쵸? 요즘은 눈도 많이 안 내리는 것 같아요."

가볍게 인사를 나누고 경로당을 중심으로 마을 안길을 치운다. 너 나 할 거 없이 열심히들 한다. 얼마 지나지 않아 몸이 더워지고 땀이 맺힌다. 허리를 펴고 눈이 치워진 길을 보니 힘든 건 잊어버리고 상쾌하기까지 하다. 서로 도우며 치우기에 힘이 된다. 시골 인심이 좋다. 마침 해가 올라온다. 따뜻한 경로당에서 차를 나누며 옛이야기를 듣는다.

"옛날에는 눈이 많이 내리면 보리 풍년 든다고 했어. 그때는 집집마다 보리를 심었거든. 눈이 보리싹을 덮어 보온 역할을 해주는 거지."

"눈 내리면 눈썰매 타는 아이들로 아침부터 소란스러웠는데 지금은 마을이 너무 조용해. 늙은이들만 다니니 발자국 소리도 안 들려."

아버지는 눈이 쌓이는 걸 두고 못 봤다. 눈이 그치면 치우라고 해도 눈을 맞으면서도 퍼 담았다. 가벼울 것 같지만 손수레 가득 담긴 눈은 무거웠다. 빨리빨리 치워놓아야지 어설프게 녹은 눈이 얼어버리기라도 하면 미끄러져 다칠 수 있다며 서둘러 치우셨다.

아버지가 떠나고 나서 겨울이 왔을 때 일찌감치 면사무소에 가서 염화칼슘을 받아왔다. 동네와 떨어진 외딴집이라 언제라도 사용할 수 있도록 무엇이든 준비해 놓아야 했다. 비료 망태기에 염화칼슘을 담아 마당이며 진입로 길에 비료 뿌리듯 뿌려 놓았다. 얼마나 편한가. 굳이 쓸고 모아서 버리지 않아도 되니.

그렇게 염화칼슘으로 눈을 녹여 없앴다. 염화칼슘으로 녹은 물은 잘 얼지도 않았다. 그런데 문제는 그 후였다. 이듬해 봄이 되니 마당과 진입로의 도로가 부식이 되어 버린 것이었다. 시멘트 조각이 만세 부르듯 들고 일어났다. 파인 곳들도 더러 보였다. 조각을 빗자루로 쓸어 담고 치웠다. 아, 이래서 일일이 삽으로 퍼서 눈을 치웠던 거구나.

이제 눈이 내리면 넉가래와 눈삽을 이용하여 치우고 있다. 아버지가 눈을 치웠던 것처럼. 소복이 쌓이는 눈은 떠나간 사람을 그립게 만들어 버린다.

젊은 엄마와 늙은 딸이
민화투 치는 동짓날 밤

 콩을 심는 두둑에 팥도 한 줄 챙겨 심어 놓는다. 일 년에 딱 하루 동지를 위해서다. 감자를 캐낸 두둑에 서둘러 심어야 한다. 심는 시기를 놓치기라도 하면 수확량이 감소하기 때문에 감자를 캔 뒤에는 바로 두둑을 정비하고 비닐 멀칭을 다시 한다. 비닐을 덮으면 땅의 온도를 높여 수확량을 늘릴 수 있으며 꼬투리가 여무는 시기에 비로 인해 팥의 품질이 떨어지는 것을 줄일 수 있다. 비닐에 구멍을 뚫어 소독된 팥을 서너 개씩 넣고는 흙으로 덮어준다.

 싹이 올라오면 진딧물이 많이 달려든다. 진딧물은 바이러스병을 옮길 수 있으므로 진딧물 약제를 사용해 방제해야 한다. 발생 초기 적정 약제를 10일 간격으로 2~3회 살포하면 효과적으로 방제할 수 있다.

두꺼운 초록색 팥꼬투리는 시월 중순이 되면 익어가면서 얇아지고 부드러워진다. 색이 누렇게 변하면 수확할 때가 되었다는 것이다. 콩보다 작아서 땅에 떨어진 것을 주울 때는 눈을 크게 뜨고 검지와 엄지를 잔뜩 오므려 잡는다. 선명한 붉은색에 껍질이 얇으면서 손상이 없는 팥을 골라 신문지 위에 깔아두고 햇빛이 잘 드는 곳에 둔다. 낱알의 크기가 고르지는 않지만 흰색 띠가 뚜렷하다면 팥농사를 잘 지었다는 것이다. 수입한 것은 낱알의 크기가 작고 고른 편이며 흰색 띠가 짧고 뚜렷하지 않은 것을 볼 수 있다.

이렇게 농사지은 팥으로 동지를 기다린다. 동지는 일 년 중 밤이 가장 긴 날이다. 옛날부터 일 년 동안 아픈 곳 없이 건강하게 잘 지낼 수 있도록 기원하며 병마와 귀신을 쫓는 붉은 팥으로 음식을 만들어 먹었는데, 동지에 팥죽을 먹는 이유다.

몇 가구 안 되는 작은 마을인 우리 동네는 동지를 맞이하여 모두 모여 새알심을 만들고 팥죽을 쑤어 먹는다. 동네에서 제일 젊은 나도 어른들 사이에서 일을 거든다. 밤새 불린 팥을 한 번 끓여 첫 물은 버리고 새 물을 넣어 무르게 푹 삶아준다. 무르게 익은 팥을 으깨어 팥물을 만들어 놓고, 찹쌀과 멥쌀가루를 섞어 익반죽하여 동그랗게 새알심을 만든다. 팥물에 불린 쌀을 넣고 저어가면서 한참 끓이면 쌀이 퍼지는 게 보인다. 아궁이에 장작을 몇 개 더 넣으려다 매운 연기에 눈물 콧물을 쏟기도 한다. 용암처럼 부글거리는 팥물에 더러 손을 데기도 하니 조심해야 한다. 솥과 얼굴의 적당한 거리 두기가 필요하다. 데친 새알심을 넣고 한소끔 끓인 후 소금 간을 한다. 새알심을 나이 수대로 넣어 먹기도 하는데 그렇게 넣다간 그릇 가득 새알심만 천지일 판이다.

맛있게 팥죽을 먹어 병마와 귀신을 쫓은 동짓날 긴긴밤을 보내려 엄마와 화투를 치기도 한다. 경로당에서는 10원짜리 민화투 치는 엄마는 나와 화투 칠 때면 1,000원짜리를 꺼내 놓으신다. 10점에 1,000원이다.

아무리 부모와 자식간이라지만 돈이 왔다 갔다 하면 눈동자가 빠르게 움직인다. 엄마의 패를 읽고 다음에 뭐가 나올 확률이 높은지를 체크하면서 내가 가지고 있는 패가 성공할 확률을 생각하다 늦게라도 내면,

"화투 치는 사람 어디 갔냐? 그렇게 느려서 어찌 화투를 친다냐."

핀잔을 듣게 된다.

"비슷한 그림이 없어요."

"그럼 아무거라도 하나 내야지."

비약, 풍약, 초약 거기다 홍단, 청단 등등 점수 매기는 것도 한참 걸린다. 한꺼번에 만 원 이상이 나가기도 한다. 엄마는 경로당의 타짜였던 걸까? 엄마와 치는 화투는 일부러 져주는 양보가 아니라 실력 부족으로 패하게 된다. 젊은 엄마와 늙은 딸이 민화투 치는 동짓날의 긴긴밤이 찰진 화투패 붙는 소리를 내며 지나간다.

소한 추위는 꿔다가라도

　　　　　　새해가 시작되고 곧 소한을 맞이하였다. 소한 추위는 금방 잠잠해지기도 한다지만 여전히 춥다. 아무리 추워도 꼭 해야 할 일이 있다. 게으름을 피우면 더 힘들어지는 게 시골생활이다. 눕고 싶기만 한 나를 일으켜 세우는 곳이 시골이다. 내복에 패딩까지 꼭꼭 싸매고 나선다. 마스크도 챙긴다. 장화는 필수다. 두 달에 한 번은 청소해야 할 집이 있기 때문이다.

　강아지집 한 채, 닭집 한 채, 거위집 한 채. 작은 마당에 집이 여러 채 자리하고 있다. 관리하기가 만만치 않다. 특히 닭을 키우면서 원칙을 하나 세웠다.

　'사료를 먹이지 않는다'

사룟값이 비싸기도 하거니와 이왕 키우는 거 무항생제 달걀로 해보자고 다짐했기 때문이다. 대량으로 닭을 키우는 양계장에서는 대부분 좁은 철장에 여러 마리의 닭을 넣어 키운다. 그러다 보니 각종 병균에 노출이 잘 되기 때문에 병에 걸리지 말라고 닭 사료에 항생제를 섞어서 먹인다고 한다. 그런데 이 항생제가 사람에게 쓰는 항생제와 동일한 성분이다. 항생제를 먹은 닭이 낳은 달걀을 사람이 섭취하면 의도치 않게 몸으로 그 항생제가 들어오고, 항생제를 많이 먹으면 몸은 면역력이 점점 떨어지게 된다고 하니 사료를 주기에 망설여진다.

모든 동물이 그러하듯이 닭도 깨끗한 환경을 만들어 주어야 병에 걸리지 않고 잘 자란다. 많이 움직일 수 있도록 해주어야 한다. 흙 목욕을 좋아하는 닭을 위해 깨끗한 흙을 닭집에 넣어주기도 한다. 신이 난 닭들은 자신의 체온을 조절하고 몸에 붙은 진드기 같은 해충을 떼어 놓기 위해서 날개를 부르르 떨기도 하며 흙을 뒤집어쓴다. 겨울철에는 왕겨 등을 깔아주고 있다. 더러 왕겨 속에 남아 있는 쌀을 먹으려고 발로 헤집는다. 뒹굴거리며 한껏 게으름을 피우고 물도 많이 먹는다. 겨울철에는 따뜻한 물을 준다. 아침이면 수탉 홰치는 소리를 들으며 눈을 뜨고, 막 낳은 따스한 달걀을 꺼낼 때는 가슴까지 따뜻해진다.

 집 주변으로 참나무잎이 많이 떨어지는데 잎을 긁어다 깔아준다. 두어 달에 한 번씩 닭똥을 치워주면서 퇴비로 활용하고 있다. 발효가 되면 밭에 거름으로 사용한다.

 문을 열고 들어가자 매일 보는 얼굴인데도 겁이 많은 닭들은 한쪽 구석에 모여서 빨리 작업을 끝내라며 뭐라 뭐라 시끄럽게 난리들이다. 작은 집이지만 청소할 때가 되면 대궐이 된다. 허리를 숙이고 청소해 주다 보면 마스크를 뚫고 스며드는 닭똥 냄새도 무디어진다.

 삽과 삼지창을 들고 피자 조각 덜어내듯이 한 삽씩 떠서 손수레에 담는다. 삽질하다 머리에 닭똥세례를 받기도 한다. 두 달에 한 번 청소해 주는데도 양이 엄청나다. 특히 횃대 아래에는 늘 가득하다. 잠은 안 자고 똥만 싸는 것인지, 횃대가 화장실인지 도통 모르겠다. 손수레에 담긴 분뇨들을 밭 구석에 만들어 놓은 거름터에 옮긴다.

 나무 부스러기나 낙엽, 짚 등과 버무려 놓으면 미생물 작용을 통해 유기물이 썩고, 발효되어 훌륭한 거름이 된다. 질소질 성분이 많다. 두엄이라고도 부른다.

 내가 만들고 내가 사용하는 거름이지만 아무 곳에나 보관해서는 안 된다. 가축분뇨 퇴비가 야외에 방치되는 등 부적정하게 보관될 경우 퇴비로부터 발생한 영양물질*이 빗물과 함께 하천에 유입돼 녹조 등 수질오염을 일으키기도 하기 때문이다. 농경지에 보관할 경우에도 영양물질이 빗물에 녹아 흘러 나가는 것을 방지하기 위해 비닐 덮개 등으로 완전히 덮어두어야 한다.

닭똥을 손수레에 퍼 담아 여러 번 오가다 보면 소한 추위고 뭐고 없어진다. 땀방울이 송글송글 맺힌다. 빈 수레를 보며 허리 한번 편다. 미리 긁어다 놓은 낙엽과 나무 부스러기 등을 섞어 놓고 비닐로 싸둔다. 돌멩이가 천지인 밭에서 제법 큰 돌멩이를 낑낑거리며 안고 와서 바람에 날아가지 않도록 비닐 위에 올려놓았다.

"잘 발효되어서 이른 봄에 만나자."

그렇게 또 한 번 겨울을 이겨내고 돌아올 새봄을 기다린다.

---

* 질소, 인 등 비점오염물질.

농사는 잘 지어야 하고
판매는 더 잘 해야 하고

"땅콩호박 건강식품으로 관심"

뉴스를 보다가 땅콩호박이라는 걸 접하게 되었다. 어느 지역에서 고소득작물로 심고 있다는 것이다. 망설이지 않고 그 지역 농업기술센터로 전화를 걸었다.

"충북인데요. 여기에서 심어도 잘 자랄까요? 수확할 수 있을까요?"

"물론이지요. 가능합니다."

두둑은 넓이 100cm~180cm 정도로 만들어 비닐멀칭을 하고, 주간거리 60cm~100cm 정도 거리를 유지하여 모종을 심으라고 했다. 덩굴성 식물이라 간격을 띄워주는 게 좋단다. 가까이에 다른 호박이 있으면 변종을 생산할 수도 있으니 500m

안에는 다른 품종을 심지 말라는 당부도 잊지 않았다. 꽃이 피고 작은 호박이 열리면 호박과실파리를 조심해야 하는데 잡초에 서식하고 있다가 산란 시기가 되면 어린 호박의 표피를 뚫고 산란을 한다. 호박 내부에 유충이 자라면서 호박 내부를 가해하기도 하여 호박이 크기도 전에 떨어져 부패해 버리는 일이 생긴다고 하였다. 잘 키워 8월 20일경이면 열매 꼭지 부분에 미세한 균열이 보일 테니 그때부터 수확을 하라고.

   말 잘 듣는 모범생처럼 열심히 받아 적었다. 씨앗도 인터넷으로 주문하였다. 받아 보니 씨앗이 그리 통통하지는 않았다. 생김새가 원래 이런 걸까? 하면서 씨앗을 심고 열심히 물을 주며 살폈다. 발아가 되고 잎이 한 잎 두 잎 커지는 것은 볼 때마다 경이롭고 신기하다. 고추 심는 시기에 땅콩호박 모종을 밭에 정식하였다. 덩굴이 뻗어가고 꽃이 피고 작은 열매들을 볼 수 있었다. 사진에서 보던 땅콩 모양이었다. 별다른 농약을 하지 않아도 잘 컸다. 여름 태풍을 잘 견디어 내고 8월 뙤약볕이 되자 색깔이 누렇게 변하는 게 보였다. 꼭지 부분에 미세한 균열이 드러났다.

   "지금이구나."

   이른 아침부터 수확을 시작했다. 조심스럽게 덩굴과 잎 사이를 오가며 하나하나 땄다. 손수레에 가득 실렸다. 풍년이었다. 마당 가득 펼쳐놓고 햇볕에 일주일간 꼭지를 말렸다. 단단해져서 겨울도 거뜬하게 날 것이다.

이제는 잘 팔아야 했다. 어디다 팔아야 할까? 그런데 여기에서 좌절할 수밖에 없었다. 모든 마트에서 거절했다.

"저희는 경매장에서 직접 가져온 것만 판매해요."

"세금계산서를 발행할 수 있나요?"

노점상에서도 거절받았다. 부탁하여 보았으나 처음 보는 거라며 받아주지 않았다. 작은 땅콩호박 하나에 좌절과 상심은 커져갔다. 며칠간 고민하다가 SNS를 이용하여 판매하였으나 생각보다 판매량이 저조했다.

포도, 복숭아, 호두, 감 등 지역 경매장에서 받아주는 작물을 하는 게 제일 속 편하다는 어르신들의 위로를 듣는다. 민주주의 사회에서 소수의견도 존중해야지, 과일만 먹고 사냐고 투덜거렸지만 뭐 어찌하겠는가. 땅콩호박은 심었고, 수확은 하였고, 판매는 해야 한다. 시간이 지날수록 숙성이 되어 더 달콤해지고 단단해지며 윤기가 나고 있었지만 잘 키워 놓고 걱정이 달콤함을 눌러 버리는 상황이었다.

캐롤송조차 들리지 않는 조용한 성탄절을 며칠 앞둔 날, 농협에서 로컬푸드직매장이 문을 열었다.

'산타 할아버지가 오셨구나!'

로컬푸드직매장은 지역 농민들이 직접 농산물을 가져다 놓고 관리하는 지역 농산물 마켓이다. 농민들의 소개와 주소, 전화번호까지 표시가 되어 있어서 자신들의 얼굴을 걸고 파는 농산물인 만큼 책임감과 사명감을 가지고 농산물을 판매할 수 있다. 로컬푸드 출하 농업인은 1년에 1회 이상 의무교육을 이수해야 로컬푸드직매장에 납품할 자격이 주어진다.

얼른 땅콩호박을 등록하고 매장에 진열하였다. 가격도 저렴하게 정했다. 땅콩호박의 요리법에 대하여 그림과 설명을 적어서 붙여 두었다. 마트에 오시는 분들이 처음 본다면서 관심을 많이 가져 주었다. 생김새가 귀여워 아이들이 먼저 집어서 바구니에 넣기도 하였다. 그렇게 하나둘 팔려나가더니 이듬해 설날이 되자 완판되었다.

로컬푸드직매장에서는 오후 9시가 되기 전 당일 판매된 물량과 판매금액을 문자메시지로 보내준다. 문자가 왔다는 "딩동~" 소리가 얼마나 반가웠는지 모른다. 자면서도 한 번씩 웃곤 하였다.

여기가 노천온천이야?

이제 감나무밭 주변은 아무도 농사를 짓지 않는다.

감나무밭 아래에 있는 논은 경계가 모호해지고 물이 찬다. 잡초는 키가 크다 못해 쓰러지기까지 한다. 사람은 오지 않고 멧돼지, 고라니, 오소리 등 산짐승만 온다. 그들의 놀이터가 되어버렸다. 아침이면 멧돼지가 흙목욕한 곳에서 조용히 물안개가 피어 오른다.

"널찍하게도 파헤쳐 놓았네. 지난밤에 멧돼지가 온천을 했나 보네."

잡식성인 멧돼지는 농작물에 피해는 물론 민가에까지 들어와 피해를 주는 산짐승이다. 번식력이 좋아서 한 번에 열 마리 이상의 새끼를 낳는데 천적이 없어 산중의 왕이 되어 버렸다.

한번씩 감나무밭에도 다녀간다. 떫은감은 멧돼지가 싫어하여 나무를 훼손하거나 열매를 먹지는 않지만 이곳저곳을 다니며 코딱지 파듯이 후비고 다닌 흔적이 많다. 제초제를 쓰지 않으니 감나무밭은 지렁이와 굼벵이의 천국이다. 멧돼지가 지렁이와 굼벵이를 좋아하다 보니 땅을 헤집어 놓은 경우가 많아졌다. 먹으면서 똥을 쌌는지 똥 무더기도 보인다. 후빈 흔적을 흙으로 메우고 정리하면서 오죽 산에 먹을 게 없으면 내려와서 이렇게 해놓았을까 싶은 마음이 들었다.

겨울비가 내린 다음 날이었다. 멀리에서도 시뻘건 흙이 보였다. 밭둑이 훼손되다 못해 무너져 버리고 말았다. 다행히 나무들은 괜찮았다. 그런데 비가 와서 무너진 게 아니었다. 듬성듬성 남아 있는 멧돼지 발자국이 큰 것 작은 것 골고루다. 밤새 멧돼지 가족이 다녀갔나 보다. 부아가 치민다.

"망할 돼지새끼 같으니라고."

멧돼지가 싫어하는 것이 무엇이 있을까. 후각이 매우 발달하였다고 해서 밭 주변으로 들깨도 심어 보고 박하도 심어 보았다. 하지만 들깨도, 박하도 다 자라기 전에 밟고 지나가 버린다.

면사무소에 연락하여 멧돼지 피해가 점점 심해진다고 하니 환경부 지정 유해 야생동물이지만 포획 후 사살 외엔 별다른 대책이 없다고 한다. 포획할 수 있도록 밭을 둘러 본다고 하였다. 포획하는 사람들이 오면 멧돼지는 알아서 피하나 보다. 사람과 멧돼지와의 숨바꼭질놀이였는지 다시 파헤처진 모습이다.

울타리를 치기로 한다. 덪과 올무는 함부로 놓아서는 안 된다. 철물점에 가니 주인이 한마디 한다.

"멧돼지가 골칫거리지요? 가뜩이나 노인들만 있어서 농사도 힘든데 멧돼지 때문에 농사를 아예 포기하는 사람들도 있어요."

종일 지지대를 박고 울타리를 쳐 놓았다. 며칠 뒤 가보니 울타리가 주저앉아 있거나 울타리 밑을 주둥이로 밀어 올려 구멍이 난 곳이 보인다. 풀과 나뭇가지 등으로 울타리 아래를 꾹꾹 눌러 놓았다. 이제는 좀 조용하려나?

"미처 생각하지 못한 곳을 찾아 다시 들어오면 또 막아두는 거지 뭐."

멧돼지와의 숨바꼭질은 계속될 것이다.

동물복지를 얘기하는 사람들의 말을 빌리자면 동물과 지속적인 관계를 가지고 함께 생활한 사람은 심리적으로 안정되고 감성이 발달하며, 사회와 공감하는 능력이 높게 나타난다고 한다. 동물과 교감하면서 살아간다는 것은 행복감과 더불어 정신적인 위로와 그 이상의 도움을 받을 수 있다고 하지만 멧돼지가 반려동물도 아니고 사람과 공존하기는 어렵다. 사람복지가 먼저인지 동물복지가 먼저인지 모르겠다. 울타리 밖 동물들에 대한 순서는 어떻게 정해야 하는 걸까?

그런 날이 있어

겨울은 추워야 한다. 으스스 몸이 떨려야 한다. 춥지 않으면 겨우내 죽어야 할 벌레들이 이듬해에 기승을 부리기 때문이다. 겨울은 농사일의 시작인 계절이다. 봄이 오기 전에 살충, 살균해야 할 것이 천지다.

3월이 오기 전에 감나무, 호두나무에 기계유제를 살포한다. 기계유제의 끈적거리는 기름 성분이 해충의 숨구멍을 막아 해충을 방제하는 효과가 있다. 나무의 새순과 꽃이 올라오기 시작하는 4월 초순경 사용하게 되면 꽃이 피지 못하거나 수정이 되지 않고 세력이 약해지는 등의 약해가 발생할 수 있어 3월이 오기 전에 방제를 마쳐야 한다.

열매가 열리는 나무들은 깍지벌레와 노린재 때문에 골치

를 앓는다. 특히 나무의 즙액을 빨아 먹고 가지에 배설물을 남겨 검게 그을린 것처럼 보이는 증상은 깍지벌레가 다녀갔다는 증거다. 기계유제 방제를 통해 품질을 떨어뜨리고 나무를 약하게 만드는 깍지벌레와 응애 등 월동 성충을 잡고 나무에 알을 낳지 못하게 하는 기피 효과를 높일 수 있다.

일요일 아침 일찍 호두밭부터 기계유제를 살포하려고 한 바퀴 둘러본다. 지난밤에 다녀간 동물은 없는지, 돌이 굴러 떨어져 있는 것은 없는지 꼼꼼히 살핀다. 2월이지만 풀이 올라오기도 한다. 호두나무 둘레에는 짚을 깔아주는데 유기물도 생기고 풀이 적게 올라와서 제초효과도 볼 수 있다.

2월 말, 기계유제를 구입하고는 사용법을 들었다. 살충효과가 뛰어난 대신 어린나무나 수세가 약한 나무에는 사용을 삼가야 하며 물에 한번 섞어놓은 기계유제는 나무에 살포하다가 남았다고 해도 아까워하지 말고 쏟아버려야 한단다. 나무 전체에 묻도록 흠뻑 유제를 살포하여야 하며 가급적 묵어서 오래된 가지 위주로 살포해야 한다는 설명이다.

커다란 물통에 500l 물을 받아놓고 18l 기계유제를 혼합한다. 그러고는 전기식 분무기를 꺼내와 치려는데 기계가 너무 조용하다. 전기는 들어가는데 기계유제가 돌지 않는다. 왜 그러지? 분무기를 이리저리 살펴보니 호스가 들어가는 곳에 균열이 가 있다. 겨울철을 잘못 보낸 걸까? 아님 오래되어서 그런 건가? 잔류농약이 있었던 걸까? 일단 창고에 잘 넣어두었다. 그래도 텃밭에서 사용하는 밀차식 엔진분무기가 있으니 그걸로 치면 되겠지 하고 꺼내온다.

휘발유를 넣고 시동을 걸어 보는데 아무리 시동줄을 잡아당겨도 시동이 안 걸린다. 이를 어쩐담. 가을까지 잘 사용하고 깨끗하게 하여 넣어 두었는데 뭐가 문제지? 팔이 빠지게 시동줄을 잡아당겨 보지만 푸드득푸드득 수탉 홰치는 소리만 들린다. 그래. 이것도 창고에 넣어두자. 날 잡아서 수리센터에 보내는 거지 뭐. 슬슬 기분이 언짢아진다. 다행히 화는 나지 않는다.

어깨에 메고 사용할 수 있는 수동분무기가 있으니 힘들어도 그것으로 쳐 보는 거다. 분무기에 기계유제를 담아서 어깨에 메고 왼쪽 손잡이를 빼내어 압축을 하려는데 펌프질이 안 된다. 이건 또 무슨 일인가? 힘을 주어 펌프질 하다가는 망가질 것 같다. 잘되던 기계들이 파업 선언을 했나? 어쩜 하나도 안 되는 걸까.

하필 일요일이라 대부분의 농기계 수리센터가 쉬는지라 고칠 수도 없다. 기계유제는 물과 혼합해 놓으면 빨리 사용해야 한다고 했는데…. 어쩔 수 없다. 손잡이가 있는 플라스틱 물통에 기계유제를 담아서 작은 바가지로 퍼서 나무마다 다니며 뿌린다.

최대한 팔을 길게 뻗어서 포물선을 그린다. 나무의 키를 키우지 않아서 다행이다. 간간히 부는 바람이 좋다. 바람에 기계유제들이 흩날리며 골고루 뿌려진다. 물론 나도 기계유제를 뒤집어쓴다. 눈물인지 기계유제인지 타고 내린다. 얼굴도 머리도 끈적거리지만 그래도 뿌려야 한다. 내 어깨가, 내 팔은 어찌 되어도 상관없다.

물에 빠진 생쥐꼴을 하고서야 살포작업은 끝이 났다. 축 처진 어깨로 터벅터벅 걸어오면서 씩~ 웃음이 났다. 예전 같으면 부아가 치밀기도 하였을 텐데 그냥 웃음이 난다. 그래. 이런 날도 있는 거지. 뭘 해도 안 되는 날이 있어. 하지만 뭘 해도 되는 날은 더 많았으니까. 그걸로 된 거지. 다음부터는 기계 점검부터 먼저 하는 거다. 좋아하는 일을 할 때는 너그러워지는 법이다. 그래, 그런 날이 있어.

입동에 시집온 며느리는 복이 있다

껑충 올라간 하늘 아래 국화는 마지막 힘을 짜내어 향기를 뿜는다. 입동이다. 기온이 떨어지고 하늘이 잔뜩 흐려지더니 비와 진눈깨비가 섞여서 내린다. 눈덩이가 조금씩 커진다 싶더니 겨울을 재촉하는 첫눈이 펑펑 내린다.

"입동에는 눈이 잘 안 내리는데 올해는 첫눈치고도 제법 내리네."

홍시로 만들어 먹으려고 집 뜰에 놓아두었던 대봉감을 서둘러 안으로 들여놓고 결혼식에 갈 채비를 한다. 눈송이처럼 뽀얗게 고운 얼굴의 사촌동생이 결혼을 한다. 늦게서야 큰아버지가 가슴으로 낳은 딸이다. 수줍은 신부가 되어 우리 아버지 손을 잡는다.

큰아버지는 우리 사 남매를 끔찍하게 아꼈다. 우리는 방학이 되면 우르르 큰댁으로 내려갔다. 방학은 큰댁에서 보내는 게 당연한 거라고 생각했다. 커다란 과수원은 이내 시끄러워졌다. 아침부터 저녁까지 쉬지 않고 줄기차게 뛰어다녔다. 숙제를 안 하면 어떻고, 일기 좀 밀린다고 큰일 나랴 싶었다. 사과나무에 올라가 매미를 잡는다며 가지를 흔들어 댔고, 전지해 놓은 나뭇가지를 실컷 어질러 놓으며 집을 짓는다고 난리를 쳤다. 그래도 다음 날이면 별말 하지 않고 정리해 놓는 큰아버지였다.

소 등에 올라타려다 떨어져 얼굴이며 종아리에 생채기를 입고 엉엉 울면서 들어오기도 하였다. 극성스러운 우리들을 야단치는 게 아니라 날뛰어 조카들을 다치게 한 죄 없는 소만 나무랐다. 허허허 웃으며 우리들한테서 눈을 떼지 못했다. 어쩌면 우리들보다 더 많이, 더 간절히 방학을 기다린 분이 아니었을까. 놀다가 지쳐 원두막에 널브러져 있으면 올망졸망한 우리들을 세우고는 노래를 불러보라고 했다. 그 노랫소리를 좋아했던 분. 유행가도 아닌 빽빽 질러가며 부르는 우리들의 동요에 박수하며 아이처럼 좋아했던 분. 다 큰 소가 새끼를 낳으면 언제 몇 시에 송아지가 태어났다며 편지를 보내오기도 했다.

큰아버지는 고등학교를 졸업하고 교편생활을 했다. 그러던 중 한국전쟁이 일어났다. 전쟁은 끝났지만 다시 학교로 돌아가지 못했다. 시대를 잘못 만나 시골에서 농사짓는 아까운 인물이라며 어른들은 하나같이 안타까워했다. 무뚝뚝한 경상도 분이라 살가운 말 한마디 없었지만 잊지 않고 조카들에게 여러 가지 먹거리를 보냈다. 지금이야 택배시설이 좋아 다음 날이면 받아볼 수 있지만 그때는 복숭아 한 상자를 부치면 삼사일은 족히 걸렸다.

푹푹 찌는 여름날 며칠에 걸쳐서 오는 복숭아는 많이 상해 있었다. 그래도 먹을 게 귀하던 그 시절, 그중에 성한 복숭아만 골라 먹으면서 얼마나 즐거워했는지 모른다. 큰아버지는 열심히 과수농사, 논농사를 하고 쌀이며 사과, 복숭아 등을 부쳐주는 걸 낙으로 삼았다. 철없는 조카들은 그것이 당연한 것인 줄로만 알았다.

결혼을 하고 수년이 지나도록 자식이 없자 큰아버지는 말수가 줄어들었다. 숱한 노력에도 아이가 생기지 않자 입을 닫고 귀를 닫았다. 다른 사람 만나는 걸 불편해하며 외출하는 일도 거의 없었다. 세상에 대한 큰 미련도 욕심도 없이 살았다. 남의 일은 절대 하지 않으며 그저 눈을 뜨면 내 땅을 일구었고, 저녁이면 절간처럼 조용한 집에서 피곤한 몸을 뉘었다. 자식이 있어 열정적으로 사는 것은 아니다. 자식이 없어도 치열하게 살아야 한다. 그렇게 사는 것이 당연하다. 하지만 고개를 저었다.

 그날은 예순한 번째 생신이었다. 회갑이라고 해도 쓸쓸할 수밖에 없었던 큰아버지를 우리 집으로 모셨다. 커다란 케이크에 촛불을 켜놓고, 그 옛날 큰아버지 앞에서 동요를 불렀던 것처럼 큰 소리로 생일축하 노래를 불렀다. 슬며시 고개를 돌리는 큰어머니와 멋쩍은 듯 웃던 큰아버지의 모습이 선하다. 장성한 조카들은 마음을 모아 금반지를 맞추어 선물했다. 큰아버지는 노래를 부르고 어깨춤을 추며 밤늦도록 얼큰하게 취했다.

 "너희들만 있으면 된다. 조카들이 최고다!"

 그러고는 이내 눈시울이 붉어졌다.

 술만 마시면 한쪽에서 웅크리고 '푸우~' 큰 숨을 내쉬며 주무시는 얼굴에는 그간의 세월이 녹아들어 있었다. 난들 왜 서럽고 억울한 게 없겠냐며, 하고 싶은 말도 많았겠지만 모든 걸 다 덮고 살았다. 잠자리를 보아주는 우리들의 마음도 편치 못했다. 끔찍하게 귀엽고 사랑스럽다 해도 조카들이 채워줄 수 없는 무언가는 있었다. 큰아버지는 늦게 배운 술을 옆에 끼고 살았다. 논을 팔아 술값을 댔다. 아무리 취해 들어와도 큰

소리 한 번 변변히 내지 못하는 큰어머니의 가슴을 까맣게 태우고는 그 좋아하던 술을 다 못 마시고 세상을 떠났다. 큰어머니는 어린 딸을 안고 큰 소리로 울지도 못했다.

눈이 펑펑 내리던 날 고운 신을 신고 결혼을 했던 사촌동생은 이제 살집이 붙어 통통해진 얼굴로 남편과 함께 예쁜 딸아이의 손을 잡고 인사를 온다.

봄

청명에는 부지깽이를 꽂아도 싹이 난다

봄은 조용히 와서 바쁘게 간다

　　　　입춘 무렵이면 된장을 담그기 시작한다. 된장은 날씨의 영향을 많이 받는다. 말날을 잡아서 마을 어르신들과 된장을 담근다. 쌀쌀한 날씨다. 아직 두툼한 점퍼를 벗지 못하겠다.

　지난가을, 수확한 콩으로 김장을 마친 뒤 메주를 만들었다. 콩을 삶기 전날 깨끗이 씻어서 물에 15~18시간 정도 충분히 불렸다. 아궁이에 장작을 넣어 불을 지피고 커다란 가마솥에 불린 콩을 넣어 삶았다. 메주콩을 삶을 때 솥뚜껑을 열면 안 된다고 하여 궁금하지만 꾹 참으며 아궁이에 장작을 던져 넣었다. 메케한 연기로 눈물 콧물을 쏟았다. 물이 끓어 넘치지 않게 불 조절을 잘해야 한다는 말을 들으며 한쪽 눈을 감고는 타고 있는 나무를 빼기도 하였다. 물이 끓어 넘치면 콩의 고유한 맛이 넘쳐 나가므로 된장이나 간장이 특유의 향과 맛을 잃어버린다. 솥뚜껑을 열지 않는 것도 같은 이치라고 한다. 끓어 넘치려고 하면 솥뚜껑에 찬물을 뿌려 주었다. 한번 끓고 나면 약불로 서너 시간을 끓여 메주콩이 골고루 충분히 익도록 하고, 콩물이 다시 콩에 스며들도록 한 시간 정도 뜸을 들였다.

    삶아진 콩이 갈색을 띠고 손으로 문질러 보았을 때 잘 으깨지고 고소한 향이 나면 잘 삶아진 것이다. 뜨겁지 않을 정도로 식혀 메주를 절구에 넣어 찧어 주거나, 김장봉투에 넣은 후 발로 밟아 으깨주었다. 네모난 모양을 잡아 메주를 만들어 하룻밤 정도 지나니 적당하게 굳었다. 짚으로 엮어서 짚에서 자라는 유익균으로 메주를 발효시켰다. 매달려 반그늘의 빛과 바람을 맞으면서 메주는 완성되어 갔다.

    "꼭 말날에만 된장을 만들어야 되나요?"

    "말날 된장을 담그면 부정을 피하고, 말의 피 색깔처럼 진하고 맛있는 된장이 되는 거야."

    "된장 공장에서도 말날에만 된장을 만들까요? 매일 만들 건데요?"

    "그러니까 집에서 직접 담근 된장이 더 맛있는 거지."

    먼저 물에 소금을 넣어 녹여준다. 달걀을 띄워 올라온 높이가 500원 동전만 한 크기가 되면 아주 알맞은 농도라고 한다. 씻어 놓은 항아리에 잘 뜬 메주의 곰팡이를 닦아내고 차곡차곡 넣는다. 소금물을 부어준다. 잘 씻어 말려둔 건고추 3개와 숯을 넣는다. 항아리 입구를 면보로 덮고 끈으로 칭칭 감아 묶어 준다.

된장이 맛있으려면 사십여 일 후에 된장 가르기를 하면 되고, 간장을 맛있게 먹으려면 석 달 정도 두면 된다고 한다.

된장 가르기를 너무 일찍 하면 메주가 물러지지 않아서 힘들 수도 있다. 항아리를 열어 보았을 때 메주도 잘 불어 있고 간장 색도 진하게 잘 우러나 있으면 장 가르기를 한다. 떠 있는 고추와 숯을 치우고 조심히 메주를 건져낸다. 메주가 부서지지 않게 잘 건져내야 간장이 맑다. 덩어리가 남지 않게 잘 으깬 다음 간을 봐서 싱거우면 소금을 넣고 짭짤하게 간을 해준다. 된장이 너무 싱거우면 곰팡이가 낄 수 있기 때문이다.

된장의 구수한 맛을 내기 위해 고추씨 간 것을 넣어 버무려 주기도 한다. 이때 장이 되직하다 싶을 때는 간장을 부어가며 버무린다. 장이 잘 버무려졌다는 것은 살짝 흐르는 정도의 농도다. 최소 6개월 이상 숙성시켜야 해서 질척하게 한다. 수분이 증발할 것을 계산해서이다. 된장 위에 참김이나 위생비닐로 빈틈없이 잘 덮어주고 소금을 뿌린다. 항아리 위에 면포를 덮은 후 유리로 된 항아리 뚜껑으로 눌러 숙성될 때까지 기다리면 된다.

　　장을 담그는 것은 정성과 시간이 필요하다. 힘이 들기도 하지만 우리 음식에 꼭 필요한 것이기 때문에 맛있게 담가놓으면 든든하다.

　　기후변화로 점점 봄을 느낄 수 있는 시간은 짧아지고 있어 봄기운을 온전히 즐기지도 못하고 있다. 봄은 조용히 와서 바쁘게 간다. 봄이 가기 전 서둘러 된장을 담근다.

우수 뒤에 얼음같이

　　　　얼음이 슬슬 녹아 없어진다는 우수에는 꽃샘추위가 잠시 기승을 부리기도 하고, 이따금 매서운 바람이 스치고 지나기도 한다. 하지만 추위는 서서히 누그러지고 나뒹굴던 얼음덩이들은 퍼석하게 불어난 맷집을 털어내며 봄 냄새를 풍기게 된다.

　도랑의 물 흐르는 소리가 바빠지면 전지가위, 톱, 사다리 등을 들고 감나무밭으로 향한다. 봄 냄새가 나기 시작하면 굳게 닫힌 성문을 여는 기분이다.

　감나무 가지치기는 나무의 휴면기인 12월부터 이듬해 3월 사이에 이루어진다. 한겨울에 하면 나무가 말라 잘라진 부위가 죽는 일이 생기기도 하여 우수가 오면 연장을 챙기고 있다. 감나무도 가지치기를 하냐고 묻는 사람이 많다. 감을 수확하면서 가지가 많이 꺾인다. 이때 자연스럽게 가지치기가 되기도 하지만 크기, 위치, 건강상태 등을 보아가며 새로 난 가지를 제거해 준다. 때에 따라서는 유인줄로 묶어서 가지를 유인해 놓기도 한다. 부러지거나 병든 가지, 죽은 가지도 잘라준다. 바르게 자랄 수 있도록 잡아 주는 것이다.

바람이 잘 통하고 햇빛이 잘 들어오도록 길을 내주는 가지 솎음도 해준다. 사람 사이에도 거리 두기가 적당히 필요하듯이 나뭇가지와 열매들도 거리 두기가 필요하다. 그래야 고품질의 감을 수확할 수 있다.

찬바람에 머리카락이 투덜거리며 입으로 들어간다. 닭똥집처럼 입술을 동그랗게 말아 불어가며 머리카락을 치운다. 팔을 뻗어 전지가위로 먼 곳에 있는 가지를 자르고 있을 때였다. 조금만 더 팔을 뻗자 하고 있는데

"아아악!"

외마디 비명을 지르며 전지가위를 들었던 손으로 콧구멍을 막았다. 손으로 최대한 막아도 얼마큼 깊숙이 찔렸는지 멈추지 않는다. 콧구멍을 막긴 막아야 하는데 주머니에도 아무것도 없다. 어찌하나 고개를 이리저리 돌려본다. 저 멀리 말라비틀어져 있는 쑥 무더기가 보인다. 그래, 쑥이다. 얼른 사다

리에서 내려와서 뛰어간다. 급하다. 머리채 잡듯이 쑥을 뜯어서 대충 비벼 코에 넣는다. 입술이며 목까지 피범벅이다. 여전히 콧구멍은 화끈거린다.

"어디가 불편하세요?"

"콧구멍이 너무 아파요."

"어디에 찔린 거예요?"

"나뭇가지에 찔렸어요."

응급실에 가서 치료를 받고 하룻밤 지나니 훨씬 덜 아프다. 세수할 엄두는 못 내고 다시 일어나서 감나무밭으로 향한다. 이번에는 헬멧을 준비해 갔다.

콧구멍은 아파도 겨우내 추운 날씨와 바람을 이겨내 새봄이 오면 새순이 나고, 꽃이 피고, 열매가 맺는 모습을 생각하면 이 정도는 참아야지 하고 위로한다. 저절로 입꼬리가 올라간다. 코피에 콧물을 훌쩍거리면서도 가위질, 톱질 할 힘이 난다. 하루 만에 끝날 일이 아님을 알기에 천천히 하기로 한다. 빨리 하려고만 하다 보면 일 년간 온몸이 힘들다. 지치지 말자.

뺨을 스치고 지나가는 겨울바람에 으스스 몸을 떨며 어깨를 좁힌다. 으샤! 으샤! 허공에 대고 어깨와 팔을 휘저으며 주문을 외운다. 이 시간, 이 공간은 행복이다. 겨울 바람 속에서도 살 오르는 꽃눈처럼 이렇게 행복도 살찌우는 거다. 앙상한 이 나무에도 곧 푸른 밥물이 끓어 오를 것이다.

잠에서 깨어나는 봄의 선율

　　　　　경칩은 "개구리가 놀란다"는 속담처럼 겨우내 추위를 피하여 겨울잠을 자던 벌레가 잠에서 깨어 꿈틀거리는 시기다. 땅속에 숨어있던 초목의 싹이 돋아나는 경칩은 농경사회를 바탕으로 한 우리 선조들에게 매우 중요한 절기였다. 갓 자라난 풀이 상하지 않도록 하기 위하여 불을 놓지 말라는 금령이 내려졌을 정도로 그해의 농사를 판가름하는 시기였다. 그래서 보리싹 점을 처보기도 하였는데 보리싹이 추운 겨울 날씨를 견디고 잘 자라고 있으면 풍년, 그렇지 않으면 흉년이 든다고 생각하였다.

　경칩 무렵이면 벼농사에 필요한 볍씨와 모판흙, 소독약제 등 농자재 점검을 하고 보리밭은 습해 예방을 위한 배수로 관리나 웃거름에도 신경을 써야 한다. 감자싹 틔울 준비도 한다. 트랙터가 바쁘게 움직여 밭을 갈아엎고, 밭 두둑이 만들어진다. 비가 오면 비닐을 씌울 것이다. 삽이나 호미 등 영농자재는 부식되거나 망가진 곳은 없는지 꺼내어 살펴본다.

    길가 언덕이나 논밭 고랑에 지천으로 있는 쑥, 씀바귀 등이 고개를 든다. 자연의 선물이다. 봄이 선사하는 영양에 마음이 풍성해진다.

    한글을 조금씩 알아가던 시기였다. 태어나 처음으로 내 앞으로 우편물이 왔다. 가족들 이름 정도는 읽고 쓸 수 있었기에 마냥 신기하였다. 부모님 이름으로 신문이나 세금고지서가 오는 정도였는데 내 이름으로 우편물이 왔다는 것은 경이로운 일이었다. 신이 나서 우편물을 들고 달려갔다.

    "내 이름으로 뭐가 왔어."

    우편물을 읽어 보던 아버지는

    "학교 가야겠네."

    초등학교 취학통지서였다. 자세한 건 모르겠지만 학교에 간다는 것에 들떠 있었다. 이제 예쁜 가방을 메고 매일 학교에 갈 수 있다니. 마냥 좋았다. 언니 오빠가 다니는 학교에 나도 가는 것이었다. 집에서 가까운 거리에 있던 학교였고 운동회가 열리는 날이면 맛있는 도시락 준비로 바쁜 엄마에게 괜히 말을 걸어 보았다.

"빵학년도 가는 거지?"

1학년이 아니니 1보다 작은 0. 그러니 나는 빵학년이라 생각했다. 언니 오빠 따라서 가보던 학교였는지라 낯설지 않았다. 친구들과 그네며 시소, 정글짐에 올라가서 맘껏 놀 수 있구나 하는 생각에 신이 났다.

드디어 입학식날이 되었고 엄마가 사준 예쁜 원피스를 입고 학교에 갔다. 3월 초 날씨는 쌀쌀하였지만 기분은 최고였다. 내 생애 첫 자립이었고 출발이었다. 가방도 공책도 필통도 모두 새것이었다. 처음 보는 선생님이 살짝 무섭기도 하였지만 학교에 있다는 것만으로도 언니 오빠와 어깨를 나란히 하는 기분이었다. 밥상에 앉아서 연필 쥐고 이름을 써보곤 하였는데 책상과 의자, 내 자리가 생긴 것이었다. 그림과 글씨가 가득한 교과서 냄새마저 좋았다. 이십여 명 되는 새로운 친구들도 만나게 되었다.

그런데 그 기쁨은 딱 거기까지였다. 그것이 고난의 시작이라는 것을 그때는 알지 못했다. 학년이 올라갈수록 책가방은 무거워졌고 해야 할 공부와 숙제는 왜 그리도 많은지. 그때부터 시작된 학교 공부는 20년이 지나서야 끝이 났다. 아니, 끝나는 것 같았다.

농사를 지으니 농기계교육이다, 영농교육이다, 직불금의무교육이다 하며 받아야 할 교육이 넘쳐난다. 이제는 한숨 돌리나 싶었는데 휴대폰으로 친절한 교육안내 문자가 온다. 농사 규모가 늘어나면서 교육은 선택이 아닌 필수다. 농사는 잘되는 것도 중요하지만 잘되지 않았을 때 원인을 알아내고자 책을 뒤지고 끊임없이 농업기술센터에 문의하고 농진청 자료를 찾는다.

바람이 제법 차다. 그래도 봄이다. 사람과 자연이 이제 막 새로운 시작을 준비하는 봄이 올해도 어김없이 왔다.

춘분에 밭을 갈지 않으면

 춘분이 되면 몸과 마음이 바빠진다. 농사의 시작이라고 할 수 있는 밭갈이를 부지런히 해야 한다. 아침 일찍부터 트랙터가 커다란 굉음을 내며 논밭을 가느라 바쁘다. 밭을 여러 번 갈아 놓으면 풀이 덜 난다고 한다. 아예 안 난다는 뜻은 아니다.

 풀은 어디에서나 난다. 좁은 틈을 비집고서라도 난다. 단단한 아스팔트를 뚫고서라도 올라온다. 잡초가 잘 자라는 땅은 농작물도 잘 자란다. 하지만 농작물이 섭취할 영양소를 잡초가 흡수하기 때문에 이것을 방지하기 위하여 잡초 제거는 꼭 필요하다.

 텃밭에 거름을 뿌리고 흙을 갈아엎는다. 그리고 두둑을

만든다. 올해도 잡초와의 사투에서 이겨보고자 두둑에 비닐멀칭을 한다. 싹이 트는 눈이 한두 개씩 보이도록 2~4등분으로 잘라놓은 감자를 심을 준비다. 심을 자리의 비닐에 구멍을 뚫고 흙을 조금 파준 뒤 감자싹이 위로 가게 심고는 다시 흙으로 덮어 준다. 아직 3월 추위가 남아있긴 하지만 땅속에서 열심히 감자싹들은 밖으로 나갈 준비를 하며 몸을 키울 것이다.

텃밭은 흙을 갈아엎지만 감나무밭은 흙을 갈아엎지 않는다. 잡초농업을 활용하고 있는 것도 있지만 경운작업을 하는게 오히려 나무에는 좋지 않기도 하기 때문이다. 뿌리가 다칠까 봐 거름이나 비료를 뿌리고는 갈퀴로 살살살 긁어주는 정도다. 땅이 촉촉하여 지렁이가 많고, 지렁이가 많다 보니 멧돼지가 자주 방문한다.

감나무밭이 있는 곳을 마을 어르신들은 부치송골이라고 부른다. 아주아주 오래전 작은 암자가 있었단다. 부처님이 있었고, 석등이 있었고, 소나무가 많았다고 전한다. 그런데 아무리 찾아도 우물이 안 보인다. 아마 마을에 내려가서 물을 길어다 사용했을지도 모르겠다. 지금은 굵은 소나무가 듬성듬성 자리하고 있다. 부처골, 부처송골 하다가 발음하기 편하게 부치송골이라고 부르게 되었으리라.

암자는 사라지고 밭으로 변한 이곳에서 농사를 짓는다.

잡초도 많지만 어쩌자고 돌멩이가 많은 걸까. 끊임없이 주워 내어도 또 나온다. 시도 때도 없이 나온다. 시간이 될 때마다 돌 줍기를 해야 한다. 돌 줍기를 하러 장화와 호미를 챙긴다. 뾰족한 예쁜 구두보다 장화가 훨씬 많은 신발장이다. 바다에서 조개 줍듯이 돌멩이의 일부라도 보인다 싶으면 호미로 캐내어야 한다.

다리도 아프고 팔도 아프다. 그래도 해야 한다. 캐내고 주워낸 돌멩이가 수북하다. 예초기 사용 시 돌멩이가 튀어 다치는 경우가 많아 신경을 쓰고 있다. 예초기로 풀을 깎다가 돌이 튀어 심하게 맞기라도 할 때면 다리를 붙잡고 한참 동안 웅크리고 있어야 한다. '쓰으읍' 겨우 입에서 나오는 말이다. 잔뜩 어깨를 좁히며 눈을 감는다. 아픔이 조금 진정된다 싶으면 돌이 날아간 쪽을 한번씩 바라보기도 한다. 혹시 기와 조각이라도 튀어나와 날아갔을까 싶어서다. 우리 집 밭에서 국보급 문화재라도 나오는 게 아닐까 하는 웃기지만 슬픈 기대도 해보며.

농사를 지은 지 여러 해가 지났지만 여전히 어렵다. 농사에 전념할 수 없는 지금의 상황도 문제겠지만, 무엇보다도 노지 농사를 하고 있으려니 기후에 예민해진다. 폭염이다 싶으면 장마가 길어지고, 어느 해는 병충해가 많고, 어느 해는 냉해가 발생하는 등 들쭉날쭉한 날씨로 농작물이 제대로 자라지 못한다. 그 후유증은 가을로 이어지고 극한 수확이 되어 버린다. 기후 위기는 곧 생존이다. 치명적인 결과를 가져오기에 그 누구보다도 절박한 사람들이 농부다.

    그렇다고 손을 놓아버릴 수는 없다. 봄이 오면 부지런히 논밭을 갈아 놓아야 한다. 그래야 일 년 내내 몸도 마음도 배고프지 않다.

사먹는 것도 좋지만

봄날이다. 시장에 가면 미나리, 시금치, 달래 등 초록초록한 나물을 삼천 원, 사천 원이면 한 바구니씩 구입할 수 있다.

그런데 시골살이의 즐거움 중 하나는 자급자족하는 삶이다. 내가 직접 심고 가꾸고 키우기에 안심하고 먹는다. 작은 텃밭 한쪽에 제철마다 수확할 수 있는 농산물을 조금씩 심고 있다. 농약을 치지 않고 재배하다 보니 모양이나 크기가 일정치 않지만 맛과 향이 뛰어나다.

지난겨울에 마을 어르신들과 힘을 합쳐 잘라 두었던 참나무를 차곡차곡 쌓아두고는 봄을 기다렸다. 3월 말이 되어 시장에 가서 표고버섯 종균을 한 판 사왔다. 어르신들은 그냥 만

원어치 사먹으라고 한 버섯이지만 단단한 나무에서 쏘옥 고개를 내밀며 자라는 귀여운 버섯을 보고 싶었다. 땔감으로만 놔둘 수 없었다. 드릴을 이용하여 구멍을 뚫는다. 버섯 구멍용 드릴날은 일정 부분만 들어가면 더 이상 들어가지 않고 회전만 한다. 드릴 회전 상태에서 뒤로 당기면 가볍게 빠져 나온다.

10~15cm 간격을 두고 지그재그로 구멍이 뚫어지면서 참나무 가루가 떨어진다. 뽀얀 향기가 참 좋다. 작업이 끝나면 잘 쓸어 모아서 화단에 뿌려 주어야겠다. 꽃나무들이 잡초에 덜 시달리겠지.

나무가 굵으면 버섯 수확 수명이 4년 정도로 길지만 만지기도 어렵고 옮기기도 힘들다. 집 뒤에서 자라던 참나무는 굵은 편이 아니어서 다루기 쉽다. 버섯 수확 수명은 2년 정도 될 것 같다.

"그냥 사먹지. 또 무슨 일을 벌이는 거야?"

"버섯 나오면 나보다 엄마가 더 좋아하실걸? 얼마나 예쁠건데요."

엄마는 이렇게 말하면서도 종균을 판에서 떼어 나무에 쏙쏙 넣어 준다. 나무를 굴려가며 빠진 데는 없는지 살펴본다. 뚫은 구멍이 마르기 전에 종균을 넣어야 한다. 적기에 넣어야 좋은 표고버섯을 생산할 수 있어 종균 넣기에 정성을 쏟는다. 종균을 넣을 때는 참나무 표면과 같은 높이이거나 살짝 들어가도록 넣어야 한다. 세균번식을 막는 방법이다.

다다닥 위잉~ 소리를 내며 드릴을 멈추지 않는다. 차곡차곡 쌓아둔 나무를 하나씩 꺼내어 구멍을 뚫다 보니 제법 많다. 집에서 먹기에 충분한 양이 될 것 같다. 많이 열리면 이웃과 나누어 먹어야겠다.

종균이 들어간 참나무를 뒷담장으로 옮긴다. 나무가 쓰러지지 않도록 기대어 세워 놓고 차광막으로 그늘을 만들어 준다. 물을 흠뻑 뿌려 둔다. 비가 오는 날이면 나무 망치를 들고 가서 때려줄 것이다. 종균이 왕성하게 활동하도록 깨워 주기 위함이다.

이제 시간이 지나면 그늘 아래에서 비와 바람을 맞으며 송송 뚫린 구멍에 꽃처럼 향기 가득한 버섯을 피워낼 것이다.

또 한차례의 기다림이 시작되었다.

한식에 죽으나 청명에 죽으나

진달래가 피고 개나리가 핀다. 이를 병풍 삼아 밭에는 자그마한 머위싹이 돋아나고 달래가 머리를 풀어헤친 듯이 올라오는 날이다. 벌써 암팡지게 핀 머위꽃이 보인다. 덮여 있는 낙엽들을 긁어내며 잘 자라라고 속삭여 주고는 집으로 들어왔다. 비가 오지 않고 쌀쌀한 바람에 흙먼지가 날리기도 하지만 그래도 봄이다.

낯선 차가 선다 싶더니 중년 여자 셋이 성큼성큼 머위밭으로 들어간다. 이리저리 다니며 그중에서도 큰 머위를 찾아 칼을 들고 헤집어 놓는다. 칼을 꺼내어 머위를 자르더니 바구니에 담는다. 망나니가 따로 없다. 사진을 찍으며 자기들끼리 신이 났다.

"누구세요? 누구신데 남의 밭에서 나물을 뜯는 거예요?"

"여기 주인하고 이야기 다 된 거예요."

"여기 주인이 누군데요?"

"…."

"여기 엄연한 밭이에요. 산과 들에 마구 난 게 아니잖아요."

"거 시골 인심 되게 빡빡하네요. 이게 얼마나 한다고."

"그러니까요. 얼마나 한다고 남의 밭에 함부로 들어와 뜯냐고요. 사서 드세요."

"젊은 사람이 그러는 게 아니에요."

"저 안 젊어요. 뜯은 거는 그냥 가지고 가시고 다시는 다른 데서라도 이렇게 뜯지 마세요."

이런 막무가내 외지인들과는 실랑이조차 하고 싶지 않다. 자기네들끼리 뭐라 뭐라 하더니 서둘러 정리하고는 차에 탄다.

"미안해요."

차 유리문을 내리더니 빼꼼 얼굴을 비추며 영혼 없는 미안을 말하며 가버린다. 헛웃음이 난다. 정성 들여 키운 나물을 뜯어가는 것은 범죄다. 웰빙 바람이 불면서 봄나물이 좋다고 소문나다 보니 외지인들이 뿌리째 뽑아 가거나 아직 어린 싹을 잘라가는 일이 비일비재해졌다. 시골 인심을 들먹이며 사람들 발길이 닿기 쉬운 산은 씨가 마른다. 시골 인심은 호구가 아니다.

이렇게 지켜낸(?) 봄나물로 머위쌈, 달래장 등 음식을 만들어 산소에 간다.

"올해도 이렇게 봄이 왔어요."

산소 주변에는 꽃잔디가 눈부시게 피어 벌과 나비를 불러들이고 있다. 뒷산이라고 해봤자 몇 걸음만 걸으면 된다. 특별한 날에 가는 것이 아니라 매일이다시피 가는 곳이다. 산소에 오르니 논이 보인다. 어디쯤에 아버지가 삽을 들고 서 있을 것 같다. 커피를 즐겨했던 아버지에게 따뜻한 커피도 한 잔 올리며 절을 한다.

"잘 계시지요? 아픈 데는 없으시지요?"

암투병 후 돌아가셨는데 벌써 여러 번의 해가 바뀌었다. 평소 꽃을 좋아하셨기에 산소 주변에는 꽃을 많이 심어 두었다. 꽃잔디며 매발톱꽃이며 범부채꽃, 샤스타데이지에 국화 그리고 겨울이 되면 눈꽃까지. 사계절 내내 꽃을 볼 수 있다. 한식을 맞이해 산소 올라가는 길에 계단도 만들고 잔디도 더 심는다. 어디 무너진 곳은 없는지, 산짐승들이 다녀간 건 아닌지 꼼꼼히 살핀다. 앙증맞은 제비꽃이 반긴다.

"올해도 잘 피었구나."

살아 있는 사람들은 위로를 받는다.

이 꽃잔치가 끝나고 나면 세상은 온통 초록으로 가득할 것이다. 아버지의 아침을 추억하는 일만으로도 또 한 생을 묵묵히 견뎌낼 수 있겠다. 초록불이 솟구치는 길 따라 시평신까지 내처 가고 싶은 날이다.

부지깽이를 꽂아도 싹이 난다

　　　　　　청명이 다가오면 온 들과 산은 연둣빛, 분홍빛을 담은 수채화가 된다.

　벌과 나비를 유혹하고 꽃객을 빠지게 한다. 빛과 그늘이 엉키어 몽롱해지기까지 한다. 일찍 피는 벚꽃이 주목을 받지만, 복숭아꽃도 결코 뒤지지 않는다. '사랑의 노예'라는 꽃말을 가진 복숭아꽃은 은은하고 달콤한 향기를 풍긴다. 과일나무 꽃 피는 시기가 중요한 것은 청명 무렵이면 꽃샘추위가 찾아와 저온 피해가 발생하기 때문이다. 꽃 피는 시기는 인공수분이나 약제 방제 같은 농작업을 실시하는 기준이 되는 때이기도 하다.

　"3년생 호두나무 캘 건데 가져갈 건가?"

아침부터 여기저기 피어있는 꽃을 보며 감상에 빠져있다가 이웃 마을 어르신의 전화를 받는다.

"아직 어린데 캐려고요?"

"농장 정리할 거야. 이제 늙어서 힘들고 호두 털 사람도 없어. 돈이 안 돼."

"가지러 갈게요."

자녀가 퇴직하면 가꿀까 싶어서 신품종 호두나무도 심어 놨는데 농사지을 생각이 없다고 하여 이참에 모두 캐내고 다른 작물을 심어 볼 계획이란다.

"어떤 농사 해보시려고요?"

"무얼 심어도 호두보다는 낫지 않겠어? 땅을 놀릴 수도 없고. 열매가 일찍 열리는 복숭아나 블루베리는 어떨까 싶어."

뒤이어 굴삭기가 오고 굉음을 내며 호두나무를 뿌리째 뽑아내기 시작한다. 심은 지 3년 정도 되어도 사람의 힘으로는 뽑히지 않는다. 작은 나무를 골라 흙과 뿌리를 정리하고 차에 싣는다.

"뿌리만 자리 잡으면 잘 클 거야."

"고맙습니다. 잘 키우겠습니다."

물을 싫어하는 호두는 밭이나 논보다는 산이 제격이다. 우리 집 뒷산은 장마철이나 비가 많이 오면 물이 고이지 않도록 배수로가 잘 되어 있는데, 이렇게 농장 정리하는 곳에서 몇 그루씩 가져오기도 하여 여러 종류의 호두나무가 자라고 있다. 다툼도 없이 사이좋게 서 있다.

어디쯤이 좋을까 자리를 보아가며 삽질을 한다. 포실포실 땅이 아니라 돌투성이 땅이라 삽 끝에서 돌과 쇠가 부딪치는 소리가 난다. 삽을 잡고 발로 꽉꽉 찍어 밀어 넣으며 넓고 깊게 판다. 뿌리가 다치지 않게 나무를 넣는다. 물을 가득 부어주고 흙으로 덮어 주었다.

"이제 새로운 생일이 생긴 거야. 우리 집에서 4월 6일에 다시 태어나는 거야."

호두나무는 6~7년이 되면 조금씩 열매를 수확할 수 있다. 수확할 때가 제일 어렵다. 젊은 사람도 쉽지 않은 호두 털기인데 노인이 대부분인 시골에서는 정말 힘든 일이다. 남이 하는 것을 보면 쉬워보여도 내가 직접 해보면 쉬운 일은 어디에도 없다. 세상 살아가는 일에 어디 쉬운 일이 있었던가.

곡우에 가물면 땅이 석 자나 마른다

아침부터 새소리가 시끄럽다. 산과 들은 새들의 집이 되고, 놀이터가 되는 봄이다. 어딜 가나 쉼 없이 재잘거린다. 서로의 존재를 알린다. 듣기 좋다. 며칠 전 비가 와서인지 촉촉한 땅이다.

꽃소식이 여기저기서 들린다. 4월이 되니 비가 자주 내린다. 벚꽃이 피었나 싶었는데 잎을 날리고 있다. 가녀린 봄꽃은 봄비에 후드득 꽃잎을 떨군다. 기상이변으로 가뭄도 많고 산불도 많아지는 탓에 봄비는 더 달게 느껴진다.

지난가을에 심었던 텃밭의 양파는 알이 굵어지기 시작하고, 마늘밭도 한두 잎씩 노란색으로 변하고 있다. 수확할 시기가 다가오고 있다는 뜻이다.

날씨가 따뜻해지면서 모종가게는 바빠지기 시작한다. 온갖 채소의 모종이 나오기 시작하고 구입하려는 사람들의 발걸음도 분주하다.

곡우 무렵이면 가을부터 이듬해 봄까지 저장해 두고 먹을 수 있는 고구마를 심는다. 밤고구마, 꿀고구마, 황금고구마 등 종류도 많다. 고구마 순을 구입하여 줄기 부분을 물에 담가놓았다. 뿌리가 나면 옮겨 심는데 이렇게 하면 활착*이 잘 된다.

고구마 모종을 심어 새순이 나오는 것을 보고 안심하던 어느 날이었다. 아침 공기가 유난히 차다 싶었는데 다음 날 고구마밭에 가보니 잘 자라던 새순들이 시커멓게 되어 있다. 냉해였다. 시커멓다는 것은 죽었다는 뜻이다. 새순이 날 수 없다. 다시 심는 방법밖에는 없다. 우리 집뿐만이 아니라 마을 전체 고구마들이 다 그렇게 되었다. 시장에서도 고구마 순 가격이 껑충 올랐을 뿐만 아니라 구하기도 어려워졌다. 아침 일찍 모종가게 앞에 가서 문이 열리기가 무섭게 구입하였다.

"한 번 왔으면 된 거지. 또 냉해가 오겠어?"

배짱을 부리며 지난번보다 더 정성을 들인다. 고랑 사이로 풀이 듬성듬성 보여 뽑아가며 심는다.

조금 늦은 감은 있지만 그래도 잘 자랐다. 줄기가 뻗어 갔고 잎이 무성해지기 시작하였다. 고구마는 줄기가 너무 무성하면 덩이뿌리가 발달하지 못하고 줄기가 흙에 닿으면 거기서 또 뿌리를 내린다. 그렇게 되면 새로운 덩이가 발달하여 전체적으로 고구마가 작고 부실해진다. 그래서 적당히 순치기를 해주어야 한다. 순치기를 해주면 덩이줄기가 비대해지고, 고구마 순으로는 반찬을 만들어 먹을 수 있어서 좋다. 또한 바람이 원활하게 통해서 병충해를 감소시키는 효과도 볼 수 있다. 이렇게 가을까지 잘 키운 고구마를 상처 나지 않게 캐내어 며칠 햇빛에 말려 저장하면 이듬해 봄까지 먹을 수 있게 된다.

올해 곡우에는 봄비가 적당하게 내렸다. 모든 작물이 윤택해질 것 같다. 풍년을 기다린다.

---

* 식물을 옮겨 심을 때 새 뿌리가 내려 양분과 수분의 흡수 기능이 발휘되는 일. 옮겨 심은 식물이 새 땅에 정착하는 것을 말한다.

이천오백 원의 행복

 달콤한 봄비다. 제법 많이 내린다. 올해는 풍년이 들려나? 연두연두했던 나뭇잎들이 점점 커지는 게 보인다. 얄미운 봄바람에도 잘 견딘다.
 제초제를 사용하지 않는다는 나름의 원칙을 가지고 농사를 짓고 있다. 제초제가 무조건 나쁘다는 것은 아니다. 제초제를 사용하여 잡초를 죽이거나, 자라지 못하도록 하면서 농작물에는 피해가 없도록 하는 것이 어렵기 때문이다. 흙에 남아있는 성분이 독성을 가진 물질로 변해 생태계 파괴는 물론 사람의 건강을 위협할 수 있기에 아직은 사용하고 싶지 않기도 하다. 작물별 적합한 제초제가 무엇인지 상담을 받고, 처리층 형성에 대해 이해하며 안전하게 사용하면 된다고 하지만 아직은 잡초를 뽑아 주거나 예초기로 잘라 주면서 농작물을 가꾸고 있다.

    비가 한번 내리고 나면 껑충 자라는 게 잡초다. 산비탈에 심어놓은 호두나무에 살균, 살충약을 치다 보니 잡초가 제법 자라 있다. 깎아야겠다. 약을 치면서 머릿속에는 내내 잡초 깎는 생각만 하였다. 농약살포기를 정리하고 헬멧과 보호대를 찾는다. 예초기에 휘발유를 가득 넣어 어깨에 멘다. 묵직하다. 어깨에 힘이 들어간다. 시동줄을 당긴다. 윙~ 소리를 내며 나일론 줄이 돌아가고 잡초가 잘려 나갔다. 향긋한 풀냄새가 내 코끝을 스친다. 촉촉한 흙이 미끄러워 장화 속 발가락에 힘을 잔뜩 주며 걸음을 옮긴다.

    "아아~악!"

    "아이고오~!"

    털퍼덕! 산비탈에서 구르고 있는 한 사람. 오른쪽 장화 한 짝은 일찌감치 아래로 내려가 버렸고, 예초기는 덮개가 깨진 채 혼자 윙윙 돌아가고 있다. 아무렇게나 거칠고 세게 주저앉아 버렸다. 어깨인지 팔인지 허리인지 어딘가 많이 아픈 것 같은데 정신이 없다. 내 몸 아픈 건 둘째고 얼른 예초기 시동을 껐다. 예초기가 괜찮은지 한 번 더 살핀다. 헬멧 덕분에 얼굴이나 머리는 괜찮다. 다행이다. 나무들 사이로 햇빛이 몰려온다. 아픔 때문인지, 햇빛 때문인지 눈을 뜨지 못하겠다. 한참 동안 멍하니 앉아 있었다. 봄바람이 난다.

아프다고 마냥 쉴 수는 없다. 나무 아래만이라도 풀을 뽑아줘야겠다 싶어서 일어나 호미를 찾는다. 사마귀 얼굴을 닮은 호미가 여러 개다. 2,500원부터 시작하여 가격도 생김새도 크기도 다양하다. 그중 한 개를 골라 든다. 세계 최대 쇼핑몰에서 히트했다는 우리나라 호미다. 착 감겨오는 손잡이의 감촉이 좋다. 손아귀로 당기는 작은 힘이 오롯이 호미 끝으로 모아지고 나무 그늘 아래에서 웃자란 잡초들이 뽑혀 올라온다. 나무 주변이 깨끗해진다. 가려운 등을 긁어주듯이 박박 긁어주며 흙을 헤집어 다독인다. 훗훗한 흙냄새가 코끝을 간질인다. 조용한 호두밭에는 새소리, 바람 소리, 호미로 잡초 뽑는 소리만 들린다. 나무 아래가 깨끗해지니 예초기로 난리 났던 몸과 마음이 진정된다.

잡초는 뽑고 뒤돌아서면 금세 또 새롭게 올라온다. 잡초 뽑느라 흙을 파헤치기 때문에 흙 속에서 싹틀 날만 기다린 티끌 같은 씨앗들이 발아되는 것이다. 그래서 가장 큰 골칫거리다. 재배 농작물의 영양분, 물, 햇빛을 앗아가고 결국에는 수확량과 품질을 떨어뜨리기에 쉬지 않고 제거해 주어야 한다.

뽑은 잡초는 놔두지 않고 바구니에 담아 집으로 가져왔

다. 닭집에 넣어주니 닭들이 달려든다. 발로 헤쳐보고 부리로 쪼아보며 맛난 잡초부터 먼저 먹는다. 고단했던 하루였는데 잡초를 잘 먹는 닭을 보니 웃음이 난다. 힘이 난다. 내일은 예초기 점검을 맡겨야겠다.

사랑이라는 이름의 밑비료

　　　　　　지난가을 쟁기질을 마친 논의 흙이 고슬고슬하다. 트랙터가 굉음을 내며 크게 원을 그려가고 있다. 올해도 벼농사가 잘되게 해 달라는 마음을 담은 밑비료를 뿌린다. 밑비료는 모를 심으면서부터 추수하기까지 중요한 역할을 한다. 부족하지 않게 해주어야 한다. 하지만 너무 과하게 되면 가을 태풍이 오기도 전인 여름에 벼가 쓰러질 수도 있다. 그야말로 '적당하게' 해야 하는 어려운 작업이다. 밑비료가 다 뿌려지면 논에 물을 가두기 시작한다. 모심기 좋게 써레질로 논을 평평하게 고르고는 3~4일 그대로 놔둔다. 논물이 참 고요하다. 조용한 논을 사진으로 담아 둔다.

　　논에 눈을 주고 있다가 집에 들어온다. 논을 보면 아버지 생각이 난다. 논을 처음 장만했을 때 그렇게도 좋아하셨는데. 먼지 쌓인 앨범을 들추어 본다. 무엇을 속삭였나, 앨범 여기저기서 웃음꽃이 가득하다. 한 장 한 장 넘기고 있는데 뭉텅이가 툭! 하니 떨어진다. 오래전 사진 뭉치들이다. 아! 자그마한 내 심장은 묵은 사진 냄새로 두근거렸다. 그것은 젊은 날 아버지의 모습이었다. 아버자 친구분들은 나를 보고 말하곤 했다.

"막내는 얼굴이며 하는 행동까지도 아버자 젊었을 때랑 똑같아."

정말 많이 닮아 있었다. 사진 찍는 포즈까지도 비슷했으니. '4293. 4. 26. 금오산 답사기념' 옛날 사진에는 아래에 글씨를 많이 넣어 두었다.

요즘은 휴대폰으로 이것저것 참 많이 찍는다. 모든 게 인생사진이다. 음식을 먹기 전에도, 차를 마시기 전에도 찍는다. 오만 것을 다 찍는다. 해가 떠도, 달이 떠도, 그러다 조금이라도 마음에 들지 않으면 망설이지 않고 지워 버린다. 사진이 넘쳐나 지우느라 바쁘다. 필름사진을 찍고 인화를 기다리던 그 두근거림을 전혀 모르는 세대와 살고 있다.

손바닥보다 작은 흑백사진이 정겹다. 사진을 보니 스물한 살 때 금오산을 다녀오셨나 보다. 젊은 날의 아버지 뒤로 초가집도 보이고 허름한 다리도 보인다. 자갈과 바위가 섞인 강가도 있다. 작은 꽃들이 무리 지어 피어 있다. 한참이나 사진을 바라보다가 뭔가 머리를 스치고 지나가는 게 있었다. 그 산을 나도 올랐었던 것이다. 진작 알았더라면 그 길을 음미하면서 기분 좋게 걸었을 텐데, 그때는 그리 썩 편한 마음으로 오른 것 같지는 않다. 스무 살. 그 푸른 나이에 어울리지 않게 터벅터벅 걷고 있었다. 앞날에 대한 막연한 두려움에 어깨가 펴지지 않았다.

가족 모두 사진이 많다. 코흘리개 시절부터 지금까지 차곡차곡 정리가 잘 되어 있다. 그건 순전히 아버지의 추억타령이 한몫을 했기 때문이다. 당신의 어릴 적 사진이 너무 없다면서. 그래서 이제는 옛 기억마저도 희미하다면서-그 세대치고 젊은 날의 사진을 가지고 있는 사람이 드물었을 텐데도 불구하고- 우리 사 남매의 어린 시절을 많이 담아 주겠다며 큰맘 먹고 사진기를 구입했다.

봄날에 꽃이 피면 꽃이 예쁘다는 이유로, 앞니가 빠진 기념으로, 감나무 아래에서 공기놀이 하는 우리들의 모습이며, 계곡에서 팬티 바람으로 물놀이 하는 모습이며, 눈 내리는 겨울날 열심히 눈덩이를 굴리는 모습까지. 그렇게 크고 작은 이유를 만들어 사 남매의 어린 시절을 차곡차곡 담았다. 입 꾹 다물고 차렷 자세로 찍던 모습은 조금씩 촌스러운 때를 벗어

갔다. 만세도 부르고 뒷모습을 찍어 달라고도 하였다. 나중에는 사진만 찍는다고 하면 옷을 갈아입는다, 거울을 본다 하면서 부산을 떨었다.

사진 속에는 젊은 날의 엄마도 있다. 초등학교 2학년 가을 운동회 날, 나는 빨간색 리본으로 갈래 머리를 하고 엄마와 함께 공굴리기를 했다. 어린 마음은 우리 편이 이겨야 한다는 사명이 있었다. 커다란 그 공이 다른 데로 갈까 봐 온통 신경을 쏟고 있었다. 공을 굴려 우리 편 깃발을 돌고 있을 때였다. 아버지가 운동장 가운데로 뛰어왔다. 아버지를 보자 사진기를 의식해서였는지 살짝 웃었다. 그때 셔터를 눌렀나 보다. 청명한 가을 하늘 아래서 작은 계집아이가 자기보다 훨씬 더 큰 공을 환한 얼굴로 굴리고 있는 모습은 누가 봐도 너무나 사랑스러웠다. 멋진 작품이었다.

그러고 보니 아버지 사진은 거의 없다. 친구와 여행 가서 단체로 찍은 사진 외에는. 자식들의 모습은 그렇게도 많이 남겼으면서 정작 당신의 모습을 남기기에는 그리도 인색했다.

아버지의 칠순을 앞둔 날이었다. 가족사진을 찍어야겠다며 사 남매를 모두 불렀다. 다시 예전으로 돌아가 즐거워하며 부산을 떨었다. 그리고 활짝 웃는 모습으로 사진을 찍었다. 부모님은 다정히 포즈를 취하며 두 분이서 한 장 더 찍었다. 그런 부모님을 보다가 명치끝이 아파와 슬며시 밖으로 나왔다. 참 많이 늙으셨다는 게 새삼 느껴졌다. 힘들면 찾아가 기대어 쉴 수 있는 버팀목이었으나 이제는 이유 없이 눈물이 나는 존재가 되어 버렸다. 세월의 무상함에 점점 더 쓸쓸해져 가는 부모님이다. 사진 한 장 찍는 게 힘든 일도 아니건만 왜 진작 이 생각은 하지 못했던 걸까. 여지껏 그것이 당연한 것으로 알고 있었다. 언제까지나 아버지는 영원한 사진사로, 우리들은 항상 폼 내며 앞에서 환하게 웃는 모델인 것으로만.

어린 날의 추억을 사진 속에 담아주며 '사랑'이라는 이름의 밑비료를 넘치도록 과하게 뿌려 준 아버지. 태풍에도 쓰러지지 않도록 꽉 잡아 준 아버지. 이제 사진을 찍고 싶어도 찍을 수가 없다.

여름

하지를 지나면 발을 물꼬에 담그고 잔다

입하 물에 써레 싣고 나온다

여름이라고 하기에는 좀 이르다. 한낮에는 슬슬 더워지기 시작하지만 입하 무렵에는 봄철 날씨가 절정에 이르러 나들이하기 좋은 때이다. 산과 들이 푸릇푸릇해지기 시작하고 모내기를 마친 논이 조금씩 보이기도 한다. 논밭에는 해충이 많아지고 잡초는 더 빨리 자라서 풀베기에 부산해진다.

"올해는 뱀 좀 안 보게 해주시옵고, 응급실 안 가게 해주시옵고, 열매들이 잘 열리게 해주시옵고, 이왕이면 쌀 가격 좀 잘 나오게 해주시옵고… 제가 너무 부탁만 드렸나요? 부처님도 참 고단하시겠습니다. 사람들이 죄다 내 소원 좀 들어달라고만 하니까요. 부처님도 저에게 한 가지 소원을 말해보세요.

제가 들어드린다고는 말 못 하지만 조금이나마 힘을 보태 보겠습니다."

입하가 오면 부처님 오신 날이 가까워진다. 모내기 준비로 바쁜 시기이기도 하지만 시간을 내 절에 간다. 부처님 오신 날에는 세 군데 절에 가야 한다는데 게으른 나는 겨우 한 군데만 들른다. 특별한 종교가 없으니 부처님도 이해해 주시겠지. 성인이 된 후에는 종교를 가지지 않았다. 대신 불경도 읽고 성경도 읽고 한글판 코란도 읽는다. 그야말로 종교 대통합이다.

그날도 부처님 오신 날이었다. 제일 깨끗한 옷으로 갈아입고 채비를 서둘렀다. 엄마는 쌀이며 양초를 챙겼다. 빼곡히 들어찬 나무들 사이로 조그맣고 예쁜 오솔길이 나오는가 싶더니 이내 울퉁불퉁한 돌계단이었다. 어린 나는 한참 오르다 다리가 아프면 얼마나 더 가야 하는지 연신 돌계단만 헤아렸다.

부도와 부도비가 옹기종기 모여 있었다. 항아리를 엎어놓은 것 같기도 했다. 거북이, 새, 토끼, 노루, 용 등 다양한 문양이 있어 그나마 재미있었다. 지나면 바로 사천왕문이었다. 부릅뜬 눈에 잔뜩 치켜올려진 검은 눈썹, 크게 벌어진 빨간 입 등을 보니 금방이라도 귀신이 튀어나와 내 머리채를 잡아챌 것처럼 무서움이 온몸을 감쌌다. 큼지막한 칼을 들고 있는 사천왕 발 아래는 밟혀서 고통에 일그러진 얼굴로 쓰러져 신음

하고 있는 흉악한 모습의 악귀들이 보였다. 나는 눈을 꼭 감고 엄마 손을 잡고 지나갔다.

겹겹이 막아서는 안갯속으로 어렴풋이 기와지붕이 보인다. 풍경 소리가 맑다. 약수 한 모금으로 숨찬 가슴을 달래고 대웅전을 맞이한다. 아직 어렸던 나는 알싸한 향내 가득한 법당의 위압감에 눌려 잔뜩 겁을 먹었다. 커다란 얼굴에 커다란 귀의 황금빛 부처님이 얼마나 무서웠던지 절을 올리는 엄마의 치맛자락을 붙들고 집에 가자고 보챘다. 법당에서 나온 부모님은 스님과 차를 나누었다. 한쪽에서 오빠, 언니들과 과자며 과일 등을 먹었다. 그때만큼은 나도 칭얼거리지 않고 먹는 것에 홀려 즐거웠다.

자식들이 좀 더 자라면서 엄마는 집에서 그리 멀지 않은 곳에 있는 절에 다녔다. 그리고 절에 다녀온 날은 하나라도 빠트리지 않고 스님의 말씀을 전했다.

"부처님이 보리수나무 아래에 앉아 정진 중인데 참새 한 마리가 오더니 그 열매를 정신없이 따 먹더래. 미처 부처님을 볼 경황이 없었는지 나중에는 똥까지 싸 가며 먹더라는 거지. 그래도 부처님은 더럽다 하지 않으시고 정진을 하여 깨달음을 얻었다는데 그때 묻은 참새 똥으로 인하여 부처님 머리카락이 그렇게 동글동글하게 되었다는 거야."

9시 뉴스를 보며 졸다 깨다를 반복하던 엄마였지만 절에 다녀온 날은 늦게까지 자식들을 붙들고 이야기 삼매경에 빠졌다. 불가의 스님보다도 더 재미있게 절 이야기를 전했다. 어느 날은 큼지막한 달마도를 사오더니 거실 중앙에 떡하니 걸어 놓았다.

　"사람은 본시 청정하다고 하잖니. 이 달마도를 봐. 달마도를 집 안에 두면 나쁜 기운을 물리칠 수 있다고 하더라."

　자식들이 준 용돈을 아껴 달마도를 샀다며 웃었다. 보기만 해도 흐뭇했나 보다.

　토끼띠생들에게 삼재가 끼었다던 어느 해에는 내 속옷을 한 벌 가지고 가더니 조그마한 부적과 바꾸어 왔다. 속옷을 깨끗하게 태워 삼재막이를 했으니 삼재니 뭐니 할 거 없이 무탈할 것이란다. 사월 초파일에는 가족의 이름을 적은 연등을 올린다. 촛불을 켜고 절을 하며 손을 모으는 엄마의 모습은 거룩하다 못해 성스럽다. 자식들 건강과 앞날을 환하게 비추어 달라며 간절히 절을 할 때는 딱딱한 대웅전 마룻바닥이 푹신한 요가 된다.

　"절(卍)을 왜 절이라 부르는 줄 아니? 절을 많이 하니까 절(卍)이라 하는 거야. 허리 굽히지 않고 할 수 있는 일이 얼마나 되더냐. 그만큼 공경하고 배려하며 겸손하게 살라는 뜻이지."

스님들은 현실을 도외시하거나 세상을 등지고 산중에 숨어 수행하는 것이 아니라 불가의 가르침을 따라 완전한 삶의 행복을 추구하는 거란다. 엄마는 시간이 날 때마다 불가의 스님들을 자랑하기 바빴다.

동네 어르신들과 함께 즐겁게 절을 다니는가 싶었는데 언제부턴가 좀 뜸한 것 같았다. 요즘은 절에 안 가냐니까 나이도 젊은 주지스님이 존댓말을 쓸 줄 모른다며 그동안 서운했던 속엣말을 건넸다.

"그렇지 않아도 억센 사투리 쓰는 게 영 거슬린다 싶었다. 아무리 스님이라고 해도 그렇지. 늙은이들한테 반말했다, 존댓말했다 이웃집 할멈 대하듯이 하잖아."

"가깝게 느껴지니까 그러겠지요."

기어이 그해 석가탄신일에는 절에 가지 않았다. 그리고 이듬해 정월 초하루에도 가지 않았다.

"할망구들이 어찌나 많은지 부처님 보고 절하는 게 아니라 할망구들 궁둥이 보고 절하는 것 같잖아."

불교방송을 가끔 보기도 하지만 성에 차지 않은가 보다. 며칠이 지나니 테이프를 들을 수 있는 것을 하나 사야겠다고 했다. 요즘도 있으려나 모르겠다며 인터넷을 검색해 보라고 재촉했다.

"늙어서 화투만 치고 있으면 보기 좋더냐? 스님이 주신 책은 어쩌겠냐. 버릴 수도 없으니 봐둬야지."

창밖에는 매미가 울어대고, 거실에는 높지도 낮지도 않은 스님의 경 외는 소리가 흘러나온다. 침침해져 돋보기를 써야만 보이는 엄마의 눈동자가 열심히 한글판 금강경을 따라간다. 혹시나 스님이 한 글자라도 빠트리고 경을 외고 있는 건 아닌지 엄마의 낭창한 염불이 한여름이다.

밥정

　　소만 무렵의 날씨는 변화가 심하다. 햇빛이 풍부해지면서 여름 기분이 난다. 하지만 한여름 기온을 보이다가도 삽시간에 비바람이 불고 기온이 내려가기도 한다. 이 무렵 아침에 부는 바람은 몹시 차고 쌀쌀할 때가 있다. 어설퍼 보이는 어린모들이 자리를 잡아가는 것도 이때다.

　땅 한 뙈기 없어서 농사의 '농'도 모르고 자랐지만 기억을 되짚어 보면 소만 무렵에는 논마다 물이 채워지고 모내기를 하였다. 특히 오전수업을 마치고 집으로 돌아가는 길은 점심시간이라 어른들은 아이들을 불러 밥을 먹였다. 못밥*은 어른 아이 할 것 없이 모두 길가에 둘러앉아서 먹었다. 그릇에 가득 담긴 밥, 시래기 된장국, 나물무침, 콩조림, 김치, 장아

찌, 된장, 상추 등 짭짤한 밑반찬과 함께 밥을 먹으면 소풍날처럼 신났다. 더 먹으라고 반찬을 앞으로 가져다 주었다. 주걱에서 손을 놓지 않았다. 밥정이 넘쳐났다. 어른들은 막걸리를 마시고 담배도 피웠다. 그렇게 못밥을 맛있게 먹던 계집아이는 이제 어설픈 농부가 되어 논에 선다. 논에 물을 대기 시작한다 싶으면 금세 논둑에 모판들이 줄지어 있고, 이앙기가 오고 그러다 보면 모심기는 마무리되어 있다. 못밥은커녕 간식 먹고 나면 모내기는 끝이 난다. 비어 있던 논에 연둣빛 모가 가득 심어져 있는 것을 보면서 이런저런 생각에 빠져든다.

  나보다 일곱 살 많은 언니는 5학년 봄날, 도시에서 시골로 전학을 왔다. 그런데 전학 온 지 얼마 되지 않아 학교 옆에 있던 논으로 가서 선생님과 아이들이 모내기를 했단다. 그 논이 학교의 재산이었다. 하얀 얼굴의 전학생은 모내기는 하지 않고 선생님과 호흡을 맞춰서 못줄을 잡았다고 한다. 서로 반대편 논두렁에 서서 못줄을 옮기는 일이었다. 처음 잡아 보는 못줄은 어찌나 무겁던지 한 줄 한 줄 옮길 때마다 팔이 후들거렸단다. 팽팽하게 당겨놓아야 꽃눈**이 잘 보이기 때문에 건너편 논두렁에 있던 선생님은 팽팽하게 당기라고 매번 큰소리였다. 팔이 아픈 중에도 꽃눈 앞에 모를 찔러 넣어 심고 있는 또래의 친구들이 신기하기만 했다고 한다. 열두 살짜리 어린아이들이 가르쳐 준 것도 아닌데 척척 잘 심는 모습은 지금도 기억에 남는다고. 가을이 오고 그 논에서 아이들은 벼베기를 했다. 선생님은 집에서 낫을 가져오라고 하여 왼손으로 벼를 몇 포기씩 잡고 오른손으로는 낫으로 아래에서 위로 당기듯이 자르라고 가르쳐 주었단다. 지금으로서는 상상조차 할 수 없는 일이지만 아이들은 무서워하지도 않고 낫으로 벼를 잘 베었다. 언니는 보기만 해도 낫이 무서워서 가까이 가지도 못했다. 학교에서는 추수한 쌀로 가래떡을 만들어 주었다고 하는데 그때 먹은 떡맛은 최고였다고 한다.

 직접 쌀을 씻어 밥을 지어 먹기보다는 배달음식이나 간편식, 가공식품 섭취가 늘어나고 있기에 매년 쌀 소비는 하락하고 있다. 편리함 때문에 건강이 뒷전이 되는 것 같아 안타깝다. 탄수화물인 쌀은 살을 찌우고 건강을 해친다는 인식이 많아 쌀의 소비가 점점 줄어든다. 숟가락에 봉긋하게 올라가 있는 맛있는 밥은 소소한 반찬과도 잘 어울린다. 거창하지 않아도 된다. 기분 좋게 먹는 밥이 최고다. 모두들 따뜻한 아침밥 먹고 어깨 펴서 활기찬 하루 시작하길, 행복한 하루 열어 가길. 밥정이 넘쳐나는 세상으로 나아가길.

 * 모내기 하는 날 먹는 점심밥.
 ** 모와 모 사이의 간격 표시줄.

발등에 오줌 싸는 망종

감나무는 전국 어디에서든 쉽게 찾아볼 수 있는 과실수다. 생장이 빨라 식재 후 3~4년 정도면 결실이 시작된다. 십여 년생 감나무들이 자라고 있는 우리 집 감나무밭 주위의 논과 밭은 더 이상 아무도 농사를 짓지 않는다. 주인이 있지만 농사를 놓은 것이다. 덕분에 산짐승과 벌레들이 감나무밭으로 많이 찾아온다. 밭 옆으로 멧돼지가 내려와 흙목욕을 하고 간다. 너구리는 감나무밭을 휘젓고 다니며 땅을 파댄다. 그러다 화장실을 한 곳 정했나 보다. 같은 자리에 매일 똥을 싸고 있다.

"많이도 싸놨네."

구시렁거리며 굳어진 똥을 잡아 나무 아래로 던진다. 공짜로 거름을 하나 얻은 셈이다.

    한 달여가 지나자 주변은 개망초꽃으로 뒤덮인다. 내 키를 훌쩍 넘기는 것도 있다. 잡초를 완전히 없애지는 못한다. 쓸모 있는 나무나 작물을 심어 줄이는 것밖에는. 망종 무렵에는 잡초도 많이 자라지만 병충해도 많아진다. 네가 자신 있게 할 줄 아는 거라고는 예초밖에 없다. 깨끗하게 예초해 주며 불필요한 도장지를 제거하고 바람과 햇볕이 잘 통하도록 해주고 있다.

    꽃이 지고 어린 열매가 생기면 살충제와 살균제 등의 약을 쳐주며 병충해 예방에 힘써야 한다. 특히 이때부터는 노린재가 슬슬 나타나기 시작한다. 노린재 피해를 입은 감은 생감 판매 시에도 가격이 떨어지고 곶감을 만들어도 품질 저하는 물론 작업능률도 떨어지게 된다.

    어느 감이 그냥 달리겠는가. 수고하고 땀 흘려 가꾸지 않으면 한 개의 열매도 따지 못한다는 불변의 진리를 농사를 지으며 새삼 느낀다.

    일을 하다가 용변이 급해질 때가 있다. 집에 있는 화장실까지 다녀오질 못한다. 감나무밭에 있는 작은 창고에는 호미, 삽, 톱 등이 있지만 휴지도 있다. 다리를 꼬며 참다가 방광이 터질 듯 부풀어 오르면 쭈뼛거리며 밭 귀퉁이에서 볼일을 본다. 내 딴에는 거름 준다고 하지만 하늘을 날고 있던 새 떼들이 와하하하 웃으며 지나가고 겅중겅중 뛰어가다가 멈추어 고개를 돌리는 고라니와도 눈이 마주치는 어느 해 망종이다.

눈치가 있어야 절간에서도
새우젓을 얻어먹는다는데

　　　　　　더위가 시작되고 있다. 본격적인 더위를 맞이하기 전인 초여름에 단옷날을 맞이한다. 이날 흥미로운 풍속 중 하나는 '대추나무 시집보내기'다. 단오는 일 년 중 양기가 가장 왕성한 날이라고 해서 이날 대추나무 시집보내는 풍습이 생겼단다. 대추나무 가지 사이에 돌을 끼워놓으면 가지가 벌어지고 이파리가 햇빛에 많이 노출되어 광합성 작용으로 굵은 대추가 많이 열릴 수 있다기에 아직도 대추나무 가지 사이에는 돌이 하나씩 들어차 있는 것을 볼 수 있다.

　이런 풍습은 사람이 결혼하여 아이를 낳는 것처럼 식물도 혼인을 하여야 열매를 맺는다는 믿음에서 비롯되었다고 한다. 이는 유실수의 나뭇가지 사이에 돌을 끼워 풍작을 기원하는 세시풍속 가수嫁樹*의 일종으로, 다른 나무들과 구분하여 가조 嫁棗라고 부른다. 나도 멀리서 돌을 주워와 대추나무 가지 사이에 끼워 놓는다. 아프지 말고 무럭무럭 크거라. 잘 열리거라. 많이 열리거라.

예로부터 밤과 대추는 복숭아, 자두, 살구와 함께 '5과' 라 하여 귀하게 대접받았단다. 그래서 제사상이나 차례상에도 밤과 대추는 절대 빠지지 않는다. 노화를 방지하고 신경안정에 좋은 대추는 가을이면 주렁주렁 열매를 매달아 보기만 해도 흐뭇하다. 또한 '양반은 대추 한 개가 아침 해장'이라는 속담이 있을 정도로 몸에 좋다. 모든 약재와 조화를 이루며 약물의 독성과 자극을 덜어주고 부작용을 중화시켜 주기 때문이다. 위를 보호하는 기능이 있어 한약을 먹을 때 위가 상하는 것을 막아준다.

어려서부터 우리 집에 대추나무가 있어서 낯설지 않고 친근한 나무다. 그 아래에서 공기놀이도 하고 나무에 고무줄을 묶어두고 언니와 고무줄 놀이도 하였다.

그런데 그해는 대추나무가 이상했다. 흰 반점이 보인다 싶더니 오글오글 잎이 말려 있는 가지가 보이고, 어느 가지는 꽃이 필 자리에 꽃은 피지 않고 삐죽삐죽한 잎이 무성하게 나와 있었다. 다행히 나머지 가지들은 괜찮았다. 바이러스의 일

종이라고 하는데 잎말림이 보이면 늦은 것이라고 하였다. 예방이 최우선이라고 하였다. 이걸 어쩐담.

이웃 어른들은 대추나무가 아플 때는 막걸리가 좋다고 하였다. 대추나무가 어떤 막걸리를 좋아하는지 몰라서 밤막걸리, 땅콩막걸리 두 병을 사왔다. 대추나무 아래를 돌면서 '얼른 나아라, 얼른 나아라' 간절한 마음을 담아 부어 주었다. 막걸리에 취해 버렸나? 안주가 없어서 그랬나? 반응이 없다. 삐죽삐죽한 잎은 더 무성해 보였다. 미친 거 아냐? 봄도 아닌데 무슨 잎이 계속 나오는 거야? 망설이다가 가지를 자르기로 했다. 자르고 나면 내년에 도장지가 나오겠지, 새로이 나는 가지는 괜찮겠지 하는 마음으로 가지를 잘랐다.

다행스럽게도 이듬해 초록초록한 얼굴로 예쁘게 가지들이 나왔다. 연한 초록색 잎에서 윤기가 흘렀다. 해가 바뀌고 튼튼한 가지로 자리를 잡더니 눈에 겨우 보일 정도로 작은 꽃이 피었다. 향기가 대단했다. 낮이나 밤이나 대추나무 가까이만 가도 향긋한 냄새가 풍겼다. 열매가 맺는 것도 볼 수 있었다.

병충해를 효과적으로 예방하려면 나무의 생장 환경을 꾸준히 체크하고 필요한 경우 적절한 치료를 시행해 주어야 한다. 특히 잎이 노랗게 변하거나 점점 떨어지기 시작한다면 병충해의 가능성이 높아진 거라고 나무가 알려주고 있는 것이다. 그걸 눈치 채지 못하였다니. 눈치가 있어야 절간에 가도 새우젓 얻어먹는다던데. 나는 절에 가면 쫄쫄 굶을 팔자다.

* 과일나무 시집보내기.

야반도주

60대 부부가 이사를 왔다.

조용한 시골 마을이라 소박한 이삿짐센터 차량마저도 반갑다. 짐을 다 내리고 물건들이 하나둘 집 안으로 들어간다 싶더니 큰소리가 난다. 어딘가로 전화해서 도움을 요청한다. 알고 보니 집 뒤에 쓰레기가 산을 이루고 있다는 것이다. 이렇게까지 쓰레기를 버리고 갔을 줄은 몰랐다면서 핏대를 올린다.

사실 그전에 살던 사람은 나하고도 사이가 편하지는 않았다. 어느 날인가 밤나무 아래를 유독 들고양이들이 많이 파헤쳐 놓는다 싶더니 날파리가 들끓었다. 무엇인가 싶어서 주변을 파 보니 음식물 쓰레기가 잔뜩 나왔다. 긁어내고 집에서 배양토를 가져와서 섞어 놓았다. 며칠 뒤 또 땅이 파헤쳐지고 음식물 쓰레기가 보이는 것이었다. 방범cctv를 돌려봐? 하다가도 마을 사람들끼리 야박하다 할까 봐 참았다. 잡히기만 하면 가만두지 않을 거라고 구시렁거리면서도 이렇게 해놓으면 알아듣겠지 싶은 마음으로 '쓰레기를 버리지 마세요'라고 작은 팻말을 만들어 꽂아 두었다.

그런데 이웃 할머니가 우리 집 앞을 왔다 갔다 하며 강아지 귀엽네 말하고, 닭은 몇 마리냐고 묻는데 무언가 다른 말을 하고 싶은 얼굴이었다. 한참 이러저러한 말을 하더니 쓰레기를 버리는 사람을 보았다는 것이다. 주중에는 도시에서 생활하고 주말에는 시골에 오는 부부였다. 이웃 할머니가 말한 그 집에 찾아가 음식물 쓰레기 묻었냐고 물으니 어차피 썩을 거 아니냐고 하면서 난데없는 시골인심을 운운했다. 쓰레기와 인심은 무슨 상관일까? 음식물은 비닐에 넣고 다시 종량제 봉투에 담아서 내놓으면 환경미화원 아저씨들이 가져간다고 말했다. 시골이라도 다 묻고 태우는 거 아니라고 하니,

"어디 가서 종량제 봉투를 삽니까? 나는 몰라서 못 삽니다."

마트에 가면 다 있다고, 이제 어디서 파는지 아니 종량제 봉투 구입하여 거기에 넣어 버리라고 조용히 말씀드렸다.

음식물 쓰레기를 가공 없이 퇴비로 사용하는 것은 심각한

토지 오염의 원인이 될 수 있다. 식물은 부패하면서 썩은 물을 만들어 내는데, 이에 따라 토지가 오염되어 식물을 재배하기 어려워지고, 심긴 식물들도 성장하는 데 방해가 된다. 또한 여러 가지 균으로 인해 오랫동안 토지를 사용하지 못하는 상태가 될 수도 있다.

며칠 뒤 또 문제가 발생하였다. 음식물 쓰레기를 버렸던 그 집 부부가 이번에는 가지치기한 나뭇가지를 우리 집 밭둑에 버린 것이다. 어차피 썩을 테니까 거기다 둔 거란다. 꼭지가 돌아버린 나는

"썩든 안 썩든 누가 여기다 놔두라고 했어요? 내가 아주머니 집에 쓰레기 갖다두면 좋겠어요?"

라고 말하니 젊은 사람이 너무 팍팍하다느니, 인심 사나우니 어쩌느니 하며 쌍욕을 해댔다. 도대체 인심과 쓰레기는 무슨 상관이란 말인가.

나무는 파쇄하여야 한다. 그렇지 않으면 썩는 데 한참 걸리고 벌레와 썩는 냄새가 뒤섞여 악취가 난다.

시골을 무시하는 것도 아니고 왜 그렇게 생각하냐고, 도시에서는 절대 그러지 않을 거면서 시골에 오면 아무렇게나 버려도 되는 거냐고 언성을 높였다. 이장님이 가서 말을 해도 안 되고, 나중에는 면사무소 직원이 와서 말을 해도 귓등으로

도 안 들어 결국 면사무소 직원이 와서 쓰레기들을 치워 주었다. 괜히 애먼 공무원들만 힘들게 하였다.

그 부부는 한동안 시골집에 안 온다 싶더니 어느 주말 저녁 여럿이 와서는 조용한 시골 마을을 들썩이도록 시끄럽게 먹고 마시며 떠들더니 다음 날 아침 집은 휑하니 조용하였다.

자기 손으로 종량제 봉투 한 장 안 사본 부부는 그렇게 야반도주하듯 이사를 가버렸다. 그 누구도 이사 가는 그 부부를 본 적이 없다고 한다.

사람을 환장하게 하는 환삼덩굴

온갖 종류의 잡초가 무성하게 자라는 유월이다. 초여름인데도 무척 덥다. 나뭇잎이 축 처지고 심어놓은 들깨는 타들어 간다. 비 소식도 없다. 하늘은 나를 놀리듯 구름 하나 없이 맑기만 하다. 산과 들이 초록으로 가득하다. 어린 모들은 땅 냄새를 맡고 푸릇해져 있는데 논에 물이 말라가는 것을 보는 내 입술도 바짝바짝 마른다. 이른 아침부터 양수기를 이용하여 물을 푸느라 바쁘다. 밭에는 해충이 많아지고 잡초는 더 빨리 자라서 풀베기에 부산해지는 때이다.

고개를 돌리는 곳마다 잡초 투성이다. 조금만 늦어도 무성하게 자라버린다. 한바탕 잡초와의 전쟁을 치뤘다 해도 뒤돌아서면 까꿍! 하며 잡초들이 얼굴을 내밀고 있으니 환장할 노릇이다. 밭농사뿐 아니라 논농사도 잡초와의 전쟁이라는 것을 새삼 뼈저리게 느낀다. 잡초는 심어놓은 작물과 엉켜 자라면 양분을 갉아먹어서 작물이 부실해지고 수확량도 줄고, 사그라져 없어지기도 한다.

여름이면 산과 들, 하천 등에서 흔하게 볼 수 있는 덩굴성 한해살이풀이 있다. 잎이 다섯 갈래로 삼 모양이어서 환삼이라고 하는데 잎과 줄기 양면에 거친 털이 있어서 깔깔이풀이라고도 한다. 외래종은 아니지만 생태계 교란종으로 지정되었다. 빠른 성장으로 주변 식물들의 성장을 억제하고 많은 양의 꽃가루를 날려 알러지를 유발하기 때문이다. 무리 지어 자라는데 식물이나 나무를 칭칭 감아 덮어 버린다. 그래서 다른 식물이 살지 못한다. 식물 위에 그늘을 만들어 광합성을 방해하여 죽게 한다. 제거도 힘들다. 어쩜 꽃마저 예쁘지 않다.

그런데 이름에 '삼'이 들어갈 만큼 약성이 좋다고 알려져 있다. 율초라고 환삼덩굴의 잎이 무성할 때 전체를 채취하여 목욕물로 만들거나 그늘에서 말려 가루로 만들어 차로 마시기도 하고, 음식에 넣어 먹기도 할 수 있다고 한다. 특히 고혈압에 특효인 약초라는데 내 눈에는 그저 사람을 환장하게 만드는 환장덩굴일 뿐이다.

집 안팎으로 칡덩굴과 누가 누가 더 잘 자라나 시합을 한다. 칡은 동물들이 먹기도 하는데 환삼덩굴은 닭조차 먹지 않는다. 환삼덩굴도 씨앗을 만들기 때문에 그 전에 잘라 주어야 다음 해에 번식이 줄지 않을까 싶기도 하다. 뿌리째 뽑으려고 하는데 뿌리를 찾는 것도 어렵다. 생명력이 강해서 조금의 뿌리라도 남아 있으면 금세 자라 덩굴이 올라온다. 기후 변화로 일어나는 자연현상이나 개발, 훼손 등으로 식물이 사라져 버리기도 한다는데 해가 바뀌어도 환삼덩굴은 무섭게 자라날 뿐이다.

길리 슈트ghillie suit*를 입은 것같이 둥글둥글 환삼덩굴이 완전히 덮혀있는 곳을 제거하니 다른 잡초들이 하나도 남아있지 않다. 처음에는 같이 자랐을 텐데 모두 덮혀 죽은 모양이다. 한참 동안 씨름하여 덩굴을 제거하고 보니 아래에 뽕나무가 있다. 덩굴 무게로 가지마저 휘어져 있다.

환삼덩굴만 있으면 그래도 작업이 쉬운데 작은 가시가 있는 산딸기, 찔레 등이 덩굴 속에 숨어 있어 장갑을 끼고 제거를 해도 가시에 찔리는 경우가 많다. 고개를 들 새도 없이 예초기로 제거하고 뿌리가 보인다 싶으면 뽑아버리기도 하는데 많아도 너무 많다. 한낮이 되자 환삼덩굴도 축 처진 모습이다.

지천에 자생하고 있는 우리의 토종 약성 식물의 활용에 대하여 생각해 본다. 약성이 알려지면서 관심을 가지는 사람들이 늘어나고 있지만 너무 흔하다 보니까 각종 매스컴에서 좋은 약성을 알려도 잘 인정하지 않고 건강제품으로 만들어져도 외면받는다. 약으로 만들어지는 것도 극히 일부다. 그저 잡초로 여겨질 뿐이다.

파랗던 하늘에 갑자기 비구름이 몰려온다 싶더니 소나기가 쏟아진다. 더위에 늘어졌던 환삼덩굴이 빠르게 회복하는 모습을 보인다.

아, 이런 젠장!

* 자신의 몸을 보호 또는 은신하기 위해 질긴 소재의 그물에 녹색 위장천을 연결하여 제작한다. 특수부대 저격수가 산악이나 산림지대 작전 시 많이 착용하는 옷.

복숭아 봉지 씌우기

복숭아 농사를 짓는 농가에서는 하지夏至 전에는 봉지 씌우기 작업을 끝내야 한다. 복숭아가 커버리면 봉지 씌우기가 힘들어지기 때문이다. 이 시기에는 모든 농가가 일손 구하기 비상이 걸린다. 고양이손, 강아지손까지 빌려야 할 정도로 일손 부족 현상이 생긴다.

"영화 씨 너무 급해. 오늘 봉지 씌우기 좀 도와줘."

"해주기 싫다는 게 아니라 제가 해본 적이 없어서요. 괜히 저 때문에 농사 망치면 어쩌시려고요."

"몇 번 해보면 금세 손에 익어. 가르쳐 줄 테니까 어서 오기나 해."

오죽하면 고양이보다 못한 나의 손을 빌려달라는 전화가

올까. 봉지 씌우기 작업은 해본 적도 없고, 잘못하여 일 년 농사를 망치면 어쩌나 싶어 농사일 아르바이트는 하지 않는데 너무도 간곡하니 거절할 수가 없다.

긴소매 옷을 입고 모자와 장갑, 장화까지 신고 복숭아 농장으로 향했다. 아무리 더워도 장화를 신어야 한다. 뱀에 물릴 수 있기 때문이다.

복숭아 봉지를 씌우는 이유는 병충해를 예방하고 색깔을 곱게 하여 최상의 품질로 만들기 위함이다. 봉지를 씌우면 복숭아의 색깔이 고와진다. 색깔을 더 좋게 하기 위해서는 수확 일주일 전에 봉지를 벗겨주면 전체적으로 화사하면서 먹음직스럽게 익은 모습을 볼 수 있다.

봉지를 씌우지 않으면 복숭아 표면이 햇빛을 많이 받아 심하게 익어서 복숭아가 갈라지거나 상하는 현상이 발생한다고 한다. 또한 과일색의 불균형으로 상품성이 떨어진다.

가장 많이 하고 있는 복숭아 봉지 씌우기 작업은 가지로 봉지 씌우기이다. 일단 초보들도 싸기에 편하고 시간당 많은 양의 복숭아를 봉지에 씌울 수 있다. 잎과 같이 씌워지면 복숭아의 생육에 치명적일 수도 있으니 절대로 복숭아 잎이 봉지 안에 들어가지 않도록 잘 보고 싸야 한다는 농장주의 당부를 듣는다.

앞치마가 불룩해지도록 가득 넣은 노란 봉지를 한 장씩 꺼내어 복숭아 열매를 넣고 가지에 양끝을 오므린 뒤 철사 부분을 돌려 고정시켜 준다. 시범을 보고 따라 해보는데 몇 장 씌우다 보니 복숭아 열매가 봉지 안에 들어가야 하는데 빈 봉지만 가지에 묶여 있기도 하였다.

한 그루의 복숭아 나무에 여럿이 달려들어 작업을 하였다. 손이 빠른 분들은 사다리를 타고 위쪽에 있는 복숭아를, 초보인 나는 중간과 아래에 있는 복숭아에 봉지를 씌웠다. 손이 익숙해지면서 점점 속도가 붙는다. 아래에 있는 복숭아는 무릎을 꿇고 씌워준다. 사다리가 달리고 사람들이 달린다. 아직 한참이나 남았는데 벌써 팔이 아파오고 힘이 빠진다. 햇살은 왜 이리 뜨거운지. 모자를 쓰고 있는데도 정수리가 타는 것 같다.

작업 속도가 점점 느려지는 나를 보고 처음에는 다 그렇다고 격려를 해주신다. 봉지를 씌우고 있기는 한데 머리가 아득해지고 어떻게 봉지를 씌웠는지 모르겠다. 땀은 복숭아털의 깔끄러움과 범벅이 된 지 오래다. 복숭아보다 더 달콤한 점심시간이 되자 벌러덩 누워버렸다. 햇살과 함께 뜨거운 바람이 얼굴을 스치고 지나간다. 밥을 먹으려는데 숟가락이 무겁다. 먹어야 오후 작업을 할 수 있다고 등을 두드려 주신다.

쉬었는데도 팔이 안 올라간다. 노란색 복숭아 봉지를 보기만 해도 얼굴이 노래지는 것 같다. 그래도 어쩌랴. 오늘 작업은 다 끝내야 한다. 다들 너무너무 열심이다. 속도가 느려지는 게 미안해서 힘을 짜낸다. 표정도 없어지고 말도 없어진다. 오로지 저 작은 복숭아 열매를 찾아 씌운다. 종일 나무와 마주하며 벌을 서는 것 같다.

복숭아 봉지 씌우기는 처음이라 힘들었지만 노란색 봉지로 뒤덮인 과수원을 보면서 한시름 놓은 농장주를 보니 뿌듯하다. 일당을 받는 게 괜히 미안하다.

작업을 마치고 흐르는 냇물에 손도 씻고, 장화도 씻는다. 터덜터덜 걸어오는 길이 초록으로 물드는 6월이다.

어정칠월

　　　　감나무 열매도, 호두나무 열매도 잘 자라고 있고 들판은 푸르름으로 가득하다. 오랜만의 여유다. 선풍기 바람이 곱다. 이렇게 어정어정 지내다 보면 칠월은 금세 지나간다.

　복숭아 농장 주인이 아침부터 전화를 했다. 복숭아가 너무 빠르게 익어서 수확해야 하니 일손을 도와달란다. 복숭아는 저장성이 없기 때문에 익어가는 것을 보면서 따야 하는데 날씨 때문인지 수확 시기가 점점 빨라진다. 복숭아 봉지 씌우기 작업 때도 그랬지만 작업을 도와주는 것에 망설일 때가 많다. 자칫 잘못하면 일 년 농사를 망칠 수 있기 때문이다.

　"익은 복숭아만 골라 따는 건 못 해요."

　겁을 잔뜩 먹은 나의 목소리를 듣자 수확해 온 복숭아의 봉지를 벗기고 포장 작업하는 것이라도 도와달라 하신다.

긴소매 옷에 마스크와 모자를 쓰고 복숭아밭에 도착하였다. 새벽 5시부터 복숭아 따는 작업을 하였다는데 선별기 앞에 가득하다. 달콤한 향기가 선별기를 감싼다. 복숭아 수확은 아침 일찍 한다. 늦어도 오전 10시 이전에 끝내야 한다. 온도가 높을 때 복숭아를 따게 되면 복숭아의 호흡량이 많아지고 증산 작용*이 일어나기 때문이다. 복숭아의 증산량이 많아지면 시들고 쪼글쪼글해지는 현상이 일어나서 상품가치가 떨어지기에 아침 일찍 서둘러야 한단다.

복숭아를 감쌌던 봉지를 조심조심 벗겼다. 복숭아에 손자국이 남으면 상처가 생기거나 물러 버려 상할 수 있기 때문이다. 과일 선별기에 봉지를 벗긴 복숭아를 올려놓으면 받침대 뒤쪽에 달려있는 저울추로 무게가 자동 측정되어 무게에 맞는 복숭아가 아래로 떨어진다. 딸깍딸깍~ 도르르~. 자리를 찾아 상자에 담긴다. 선별된 복숭아는 상처나 벌레가 먹은 곳은 없는지 하나하나 살펴보고 종이상자에 담아야 하는데, 이게 시간이 오래 걸린다. 크기에 맞는 보호캡으로 하나하나 싸서 상자에 넣는다. 예쁘게 넣어야 한다. 상자에 넣으면서도 한 번 더 확인한다.

포장 작업을 하다 보니 복숭아 털이 날아다니고 마스크며 모자를 썼지만 얼굴이 가렵다. 눈도 따갑다. 복숭아는 다른 과일에 비해 껍질이 현저히 얇은데 이는 복숭아가 다른 열매에 비해 동물, 벌레들로부터 공격당하기 쉽다는 뜻이기도 하다. 벌레로부터 열매를 보호하기 위해 따가운 털을 갖게 되었는데 비가 와도 털이 표면장력을 높여 빗물이 흡수되는 것을 막아 열매가 젖어 썩지 않도록 해준다고 한다. 복숭아에 털마저 없었다면 유통 시 더 쉽게 손상될 것이다.

 투명 비닐까지 씌워서 포장 작업을 마치면 차에 실려 경매장으로 옮겨진다. 택배의 경우는 추가로 더 보호를 해주어야 한다. 여러 상자들이 겹치기 때문에 패드를 해주지 않으면 복숭아가 눌리거나 멍이 들어서 상하기도 한다.

 작업을 마치고 복숭아를 조각내어 먹는다. 몸에도, 입안에도 향긋함이 번진다. 서서 하는 작업이라 다리도 아프지만 입이 즐거워지니 그간의 수고로움을 잊는다.

 어정칠월은 옛말이다. 농촌의 칠월은 한가할 수 없다. 계절마다 수확해야 할 것이 천지다. 그저 사람도, 식물도 건강하게 별 탈 없이 지나가야 하는 칠월인 것이다.

> * 호흡 작용을 통하여 유기물을 분해하고 에너지를 만드는데 그 에너지의 상당 부분이 열로 발생하게 된다. 증산 작용은 열을 식혀주기 위한 기능이다.

대서에는 염소 뿔도 녹는다

　　　　　　대서가 다가오면 무더위와 불볕더위가 절정에 이른다. 새벽부터 매미들의 언성이 높아진다. 이 무렵 장마전선이 늦게까지 걸쳐 있으면 큰비가 내리기도 한다. 이때가 되면 잡초들의 세력도 대단해진다. 한낮의 더위에도 다른 식물들은 축 처져 있는데도 잡초만은 꼿꼿하다. 대체 잡초들은 무엇을 먹고 이리도 힘이 센 걸까.

　잡초를 깎아야겠다. 벌써 내 무릎 위로 올라오고 있다. 아버지가 계실 때는 예초기 한번 만져본 적이 없다. 위험하다고 가까이 오지도 못하게 하였다. 하지만 이제는 달라져야 한다. 아버지가 하시던 것을 많이 봐서인지 예초기가 낯설지 않다. 슬며시 쓰다듬어 본다. 어렵지 않을 것 같다. 휘발유를 가득 채우고 밭으로 가서 호기롭게 줄을 당겨본다. 푸드득 푸드득, 수탉 홰치는 소리만 나고 시동이 걸리지 않는다. 날씨는 덥고 땀은 나고. 기계가 사람을 알아보는 건지, 아버지가 시동 걸 때는 잘도 되더만 내가 하려니 팔이 빠질 것같이 아프기만 하고 아무리 당겨보아도 시동은 걸리지 않는다. 지쳐서 주저앉아 있다가 예초기를 차에 싣고 농기계수리센터로 갔다. 시동을 걸기 전에 충분히 해야 하는 연료펌핑도 배우고 시동을 걸기 전에 초크를 올려 산소공급을 해주어야 한다는 것도 배운다.

부아앙~! 그래, 이 소리다. 초크를 내리고 천천히 나일론 끈이 회전하도록 한다.

다시 밭으로 와서 시동을 걸어보니 잘된다. 예초기가 스쳐만 가도 모세의 기적처럼 순식간에 길이 만들어진다. 깎여 나가는 잡초를 보니 더위쯤은 아무렇지 않다. 깎인 풀에서 비릿하면서도 상쾌한 향이 난다. 샤넬 NO.5와는 비교도 안 되겠다. 백화점에서도 맡아 볼 수 없는 향기다. 얼굴을 타고 내리는 땀에 눈이 따갑다. 대충 눈을 닦아가며 잡초를 깎는다. 더위를 싣고 오는 묵직한 바람마저 고맙다.

밭에는 주워내어도 끊임없이 돌이 나온다. 돌이 튀고 나무 조각 잡초 조각이 눈으로 들어간다. 머리카락은 나뭇가지에 걸려 산발이 된 지 오래다. 돌을 맞은 종아리가 따끔따끔하다. 하지만 어서 잡초들을 깎아야 한다. 한 시간은 되었을까? 예초기의 나일론 끈 조각이 휘리릭~ 날아가 버린다. 이걸 어쩐다. 아직 깎아야 할 곳이 많이 남아 있는데. 시동을 끄고 다시 살펴본다. 새로운 줄은 어떻게 끼워야 한담. 아무리 봐도 모르겠다. 다시 예초기를 싣고 농기계수리센터에 갔다. 나일론 줄을 잘라 끼우는 것을 배우고 나니 한낮의 열기는 사그라들고 있다. 해가 넘어가기 전에 마무리 해놓아야 한다. 예초기를 맨 등짝이 뜨끈뜨끈하다. 어깨는 찢어질 듯 아프다. 휘발유 타는 냄새가 코에 들어온다. 다리는 후들거린다. 예초 작업을 마치자 얼굴에 노을이 번진다.

    밭에 있는 잡초 잔해는 별도로 치우지 않아도 된다. 퇴비 역할도 되고 햇볕을 가려 잡초의 성장을 억제하는 기능도 하기 때문이다.

    집에 들어와 샤워를 하려니 땀에 젖은 팬티는 돌돌돌 말리며 내려가질 않는다. 팬티 한장 내리는 것도 힘에 부친다. 돌에 맞아 종아리는 울긋불긋 멍이 들었다. 그보다 손이 문제였다. 세수를 못 하겠다. 손이 위아래로 가는 게 아니라 사선으로 간다. 내 뜻과 의지와 상관없이 손이 마음대로 간다. 욕실에 주저앉아 울고 말았다. 아버지는 이 어려운 걸 어찌 해마다 하셨던 걸까.

　잡초를 제거하는 시기는 하필 제일 더울 때이다. 모든 것을 다 녹여버릴 기세의 더위다. 예초 작업을 몇 번 하게 되면서 요령이 생겼다. 새벽에 나가서 해 뜨기 전에 마무리하고 있다. 일찍 일어나 대문을 나서면서 상쾌한 새벽 공기를 맡는다. 헬멧을 쓰고 다리와 무릎을 보호하는 보호대를 착용하고 있다. 영화 〈아이언맨〉의 주인공이 된 것 같다. 이제 잡초를 깎으려 하면 보호장비부터 찾게 된다. 손도 익숙해졌는지 차츰 바르게 샤워도 하고 세수도 할 수 있게 되었다. 미련하게 한꺼번에 해치우려 하지 않고 쉬는 시간을 만들어 기계도 쉬고, 사람도 쉰다.

방아쇠수지증후군

"의사 선생님 제 손가락이 벼랑 위에 있는 것마냥 불안해하고 힘이 없는 느낌입니다. 아침이면 손가락이 바로 펴지지 않고 한 템포 느리게 펴져요."

"기계를 많이 다루시나요?"

"뭐… 기계라고는 예초기나 드릴 정도요."

"여자분이 예초기를 사용한다고요?"

"그러게요. 저도 예초기 멘 여자를 못 본 것 같습니다만."

아버지는 예초기보다는 낫으로 풀을 베었다. 풀이 어느 정도 길게 자라면 손으로 잡고 낫으로 슥슥 베어 퇴비를 만들었다. 내가 농사를 짓게 되면서 풀들은 더 빨리 자라는 것 같았다. 날카로운 것에 대한 두려움이 많은 나는 낫을 사용하지 못한다. 예초기 사용법을 배워 틈틈이 예초 작업을 하였다. 예초기 돌아가는 소리와 진동, 휘발유 타는 메케한 냄새를 벗삼아 풀을 베었다.

    자고 일어나니 손가락이 잘 펴지지 않는다. 어떤 날은 손바닥과 손가락이 연결되는 관절 부위에 통증이 오고, 손가락은 뚱뚱하게 부었다. 손가락을 펴거나 구부리려고 할 때 걸리는 듯한 느낌이 들었는데 손가락이 튕기듯 펴지곤 했다. 며칠 고민하다가 찾은 병원에서 받은 진단은 방아쇠수지증후군이었다. 생전 처음 들어본 병명이다. 오랫동안 긴장 상태로 손가락을 구부린 채로 일하는 사람, 손잡이가 달린 기구나 운전대 등을 장시간 손에 쥐는 직업을 가진 사람, 예초기나 드릴처럼 반복적으로 진동하는 기계를 만지는 직업을 가진 사람에게 많이 발생하는 증상이라고 친절하게 말해준다. 강한 힘으로 쥐어야 하는 기구를 반복적으로 사용하면 힘줄이나 힘줄을 둘러싼 건막에 염증이 발생하고, 이로 인해 손바닥에 있는 손가락 관절에 관절염이 발생하는 것이다.

    발생 초기이니 주사요법으로도 많이 좋아질 거라며 손가락 관절에 주사를 놓는다. 적당히 아프면 아프다고 소리라도 지를 건데 너무 아프니 소리도 나지 않는다. 눈은 꼭 감기고 입은 벌어진다.

"아픈 주사인데 잘 참으셨네요. 다 나을 때까지 예초기 사용은 하면 안 됩니다."

병원 다녀와서 풀을 깎아야지 하고 있었는데 이 무슨 청천벽력 같은 소리인지. 집에 와서 예초기를 보다가 손가락에 충격을 덜 받으면 괜찮으려나 싶어서 옷장 속 깊이 있던 스키장갑을 꺼내 든다. 7월의 뙤약볕에 스키장갑이라니. 헬멧 챙기고, 무릎보호대 챙겨서 밭으로 간다. 스키장갑까지 끼고 풀을 깎으니 온몸에 땀이 줄줄이다. 손이 덜 아픈 것 같기도 하다. 작업을 마치고 장갑을 벗으니 손등이 두꺼비 등짝같이 울퉁불퉁하니 벌겋다. 찬물에 씻어도 가라앉질 않는다. 밤이 되니 가려워서 벅벅 긁느라 잠을 설쳤다. 다음 날 아침 일찍 다시 병원에 갔다. 손등을 보던 의사 선생님은 건조한 목소리로 말했다.

"땀띠네요."

"손등에도 땀띠가 나나요?"

"도대체 무얼 했길래 손등에 땀띠가 났을까요?"

"스키장갑 끼고 예초기 돌렸지요."

한심하다는 얼굴인지, 어이가 없다는 얼굴인지. 의사가 나를 바라보았다.

"얼음물에 손을 담갔다가 뺐다가 반복해 주세요. 오래도록 손을 담그지 말고요. 며칠 뒤 자연스럽게 없어질 겁니다."

　진료비도 받지 않았다. 꾸벅 인사하고 나오면서 씨익 웃었다. 그래도 풀을 다 깎았으니 다행이다. 그렇게 내 손과 손등은 잡다한 농사의 흔적을 짊어지고 있었다.

입술에 묻은 밥풀도 무겁다

삼복더위를 지나고 있다.

더위에 몸의 기운이 쉽게 약해지니, 입술에 붙은 조그만 밥알도 무겁게 느껴질 만큼 한여름엔 사소한 일도 힘겨워진다. 불볕더위와 습도는 사람을 쉬이 지치게 만들어 버린다.

"자주 꽃 핀 건 자주 감자,
파 보나 마나 자주감자.

하얀 꽃 핀 건 하얀 감자,
파 보나 마나 하얀 감자."

하지夏至가 되면 엄마가 가르쳐 주신 권응상 시인의 「감자꽃」을 읊으며 텃밭에 심은 감자를 캤다. 호미로 조심조심 흙을 긁어내다 감자가 어느 정도 보인다 싶으면 넝쿨을 쑥 뽑아 올렸다. 아기 얼굴같이 뽀얀 감자가 줄줄이 따라 나왔다. 땅속에 남아 있는 감자는 상처가 나지 않게 조심조심 흙을 밀어내며 캤다. 햇볕에 얼굴이 벌게지는 줄도 모르고 감자를 캤다. 엄마는 수고했다며 감자를 쪄주셨다. 툭툭 갈라진 감자껍질을 대충 벗기고는 삼키지도 못하고 입안에서 식히며 먹었다.

감자 옆으로는 옥수수가 줄지어 자라고 있다. 엄마는 옥수수 심을 때는 입을 꾹 다물고 심도록 했다. 하하하 이를 보이며 웃으면 옥수수 알이 듬성듬성 난다고. 치아가 보이는 것과 옥수수 알이 무슨 상관이 있을까마는 입을 꾹 다물고 심었다. 장난치지 않고 심각한 얼굴로 심었다. 덕분에 일은 빨리 끝났다.

옥수숫대가 내 키보다 더 커지고 이파리가 힘찬 초록을 뽐내게 되면 그 사이에는 청개구리가 살았다. 손을 모아 탁! 잡으면 녀석들은 오줌을 찍찍 싸댔다. 개구리를 만진 후 절대로 눈을 비벼서는 안 된다는 당부가 있었지만 개구리를 가지고 실컷 뛰놀다 보면 얼굴이 먼지와 땀으로 범벅이 되었다. 흘러내린 머리카락은 볼을 타고 쩍쩍 달라붙었다. 땀을 닦으며 머리카락을 쓸어 올리다 보면 눈은 빨개져 버렸다. 제대로 뜨지도 못하고 엉엉 울면서 집으로 돌아갔다.

    엄마는 그러게 왜 청개구리를 잡아서 이 사단이냐며 소금을 탄 물로 눈을 씻어주었다. 햇살이 따가워질수록 옥수수는 찰지게 영글어갔다. 먹을 것 귀한 시골이지만 여름만큼은 풍요로웠다. 커다란 솥에는 가지런히 누운 옥수수가 삶아져 나왔다. 솥뚜껑을 열면 뿌연 김과 함께 구수한 냄새가 났다. 엄마의 말을 잘 들으며 심은 옥수수는 빈 곳 없이 총총히 알이 박혀 있었다.

    한차례씩 장마는 꼭 있었다. 개구리들은 신이 났다. 시끄럽게 울어댔다. 뒷다리를 쫙쫙 벌려가며 헤엄을 치다 땅에 오르다 난리가 났다. 논물 보랴 비설거지하랴 사람도 개구리도 모두 바빠졌다. 꼼짝없이 집에만 있어야 하는 날이면 손톱에 봉숭아꽃물을 들였다.

    꾸덕꾸덕 말린 꽃과 이파리에 명반을 넣어 절구에 찧었다. 잘게 떼어 손톱에 조심히 올려놓고는 비닐로 말아 실로 꼭꼭 묶은 채 잠이 들었다. 이불 버린다고 꽃물을 들일 때는 이불을 덮지 말고 자라는 엄마의 주문이 첨가되었다.

    다음 날 아침이면 목욕탕 다녀온 것처럼 쪼글쪼글한 손가락이 되었지만 손톱은 아주 예쁜 선홍색으로 물들었다. 곱게 들인 꽃물이 첫눈 올 때까지 남아 있으면 첫사랑이 이루어진 다는 속설 때문이었을까. 여름이면 줄기차게 꽃물을 들이고 손톱은 아껴가며 깎았다.

    비가 온 뒤의 개울은 콸콸콸 시원하게 흘렀다. 시커먼 튜브 하나만 있으면 세상 부러울 게 없었다. 변변한 수영복 하나 없었지만 창피한 줄 몰랐다. 자그마한 바위에서 다이빙을 한다며 뛰어내렸다. 볼록한 배는 물에 부딪쳐 벌겋게 되었다. 물뱀이 있을지도 모르니 조심하라는 어른들의 말도 한 귀로 흘려버렸다. 열심히 물장난을 했다. 귀에 물이 들어가면 납작한 돌 하나 집어 들었다. 귀에 대고는 깡충깡충 뛰었다. 햇볕에 달구어진 따뜻한 돌에 물이 흘러내렸다.

    물놀이에 지치면 개울가 모래밭에 털썩 주저앉아 두꺼비집을 만들었다. 배가 고파야만 집으로 갔다. 햇볕에 벌겋게 익은 등짝은 저녁이 되면 화끈거리다 못해 허물을 벗었다. 똑바로 눕지도 못하고 엎드려 있으면 엄마는 감자를 얇게 잘라 붙여 주었다. 밤새 뒤척이며 불편하게 자도 줄기차게 개울로 나갔다.

    이제 여름이 되면 이슬 맺힌 이른 아침과 맹렬한 더위가 수그러든 저녁에만 들판에 나가 일을 한다. 온몸을 불사를 것 같은 한낮에는 쉬어야 한다. 그래야 기운을 회복해서 일을 제대로 할 수 있다. 여름은 나무 그늘에서 쉬는 사람에게 누구도 게으르다고 손가락질하지 않는다. 오히려 한낮에 일을 하겠다고 자리에서 일어서는 사람이 있으면 나서서 말린다. 큰일 난다고. 괜한 욕심 부리지 말라고.

꽃보다 쌀

　　　　상추 한 포기 심을 한 뙈기 땅조차도 없던 우리 집에서 꽃은 사치 중에 가장 큰 사치였다. 어버이날이라고 해도 조화 카네이션 하나 사오면 안 되는 것이었다. 그 돈으로 한 톨의 쌀을 사는 게 먼저였다.

　집 주변으로 논들이 많았지만 우리 땅은 없었기에 그저 소 닭 보듯 스쳐갈 뿐이었다.

　처음으로 논을 장만하던 해였다. 신청한 볍씨를 받아와 물에 담가 눈을 틔웠다. 그리고 흙판에 담아 물을 주며 싹이 잘 올라오는지 살폈다. 모내기 4~5일 전, 논에 물을 가두고 흙을 썰고 다져서 모들이 자리 잡기 편하도록 만들었다. 연둣빛을 머금은 모가 빼곡이 들어찬 모판을 논둑에 열을 지어 놓아

두었다. 모를 가득 실은 이앙기가 착착착착 소리를 내며 지나갔다. 이앙기가 지나간 자리에는 가냘픈 모들이 뾰족한 입을 내밀며 사이좋게 줄지어 심어졌다. 못밥이 없어진 지 오래지만 우리 집은 커다란 솥에 국을 끓이고 밥을 했다. 닭도 넉넉히 잡았다. 동네 사람들 불러 모아 술까지 돌렸으니 잔칫날이 따로 없었다.

첫 모내기는 성공이었다. 아버지는 아예 논에서 살았다. 아무리 늦게 들어와도 부처님 오신 날 탑돌이 하듯이 한 바퀴씩 논을 돌았다. 발자국 소리에 보답이라도 하듯이 가을이 오면 마당에는 가득가득 벼가 쌓였다.

아버지의 일흔아홉 번째 생신을 앞두고였다. 음식을 먹으면 바로 화장실로 뛰어간다 싶더니 급기야 입원을 했다. 침대에 누워 주렁주렁 링거를 달고도 걱정을 했다.

"집 앞에 한 뙈기 논 있지? 이삭거름을 못 주고 왔어. 벼 줄기가 통통해지고 있는 지금 거름을 꼭 해주어야 하는데… 때를 놓치면 안 돼."

걱정하지 말고 치료에만 신경 쓰라고 해도 계속 이삭거름을 말했다. 어렵지 않을 것 같아 이삭거름 하고 올 테니 마음 편히 계시라고 하고는 집으로 향했다. 창고에서 비료살포기를 꺼냈다. 11.5kg, 뭐 이 정도쯤이야 어깨에 가볍게 메겠다 싶었다. 그러고는 NK비료*를 넣었다. 작은 알갱이들이 까르르 웃으면서 들어간다.

아! 이런 산수 머리 없는 인간을 보았나. 비료살포기 11.5kg+비료 20kg=31.5kg. 비료살포기를 등에 메기는 하였는데 일어나질 못하겠다. 어깨가 찢어지는 것 같다. 아니 누군가 내 어깨를 바윗돌로 짓누르는 것 같다. 엉덩방아 찧듯 넘어지며 내려놓았다. 이를 어쩐담. 그러다 눈에 들어온 것이 비료망태기였다.

어깨에 메보니 소풍 가는 느낌이다. 작은 비료망태기에 비료를 가득 담아서 씩씩하게 논으로 향했다. 한 떼기라…, 아버지에게는 2,985㎡가 한 떼기였나? 내 눈에는 공설 운동장이었다. 심호흡 한 번 하고는 천천히 걸어 들어갔다.

손으로 비료를 한 움큼씩 잡아 최대한 손을 멀리 뻗어가며 뿌렸다. 몇 걸음은 괜찮았다. 조금씩 조금씩 논 안쪽으로 들어가며 걸음을 옮기는데 점점 발이 말을 듣지 않았다. 한 걸음 옮기면 한 걸음이 빠지는 게 귀신이 아래에서 발을 잡아당기는 것 같았다. 물장화를 신었지만 질퍽한 논 속에서 움직이는 것은 생각만큼 쉽지 않았다. 논에 들어온 이상 그냥 나갈 수는 없었다. 어찌 되었든 망태기를 비운 뒤 나가야 했다.

통통히 살 오른 모들이 밟힐까 봐 잔뜩 다리에 힘을 주어 모 사이를 다니며 비료를 뿌렸다. 발도 빠지고, 휘청이는 몸으로 넘어지지 않으려다 논바닥에 팔을 짚는 바람에 얼굴은 흙투성이가 되어버렸다. 어찌어찌 한 망태기의 비료가 다 비워지자 논의 가장자리가 보였다. 팔다리를 아무렇게나 하고는 논두렁에 벌러덩 누워버렸다. 쯔쯔가무시, 뱀, 벌레, 따가운 햇살…. 이런 건 개나 줘버리라지. 아무것도 생각나지 않았다. 눈을 감고 크게 숨을 고르며 한참이나 누워있었다. 숨이 진정되면서 눈을 떠보니 한낮의 태양이 놀리듯 힘껏 왕성한 기운을 내뿜고 있었다. 멍한 표정으로 하늘만 바라보았다.

저벅저벅 저벅저벅… 굵은 발걸음소리가 가까워 온다 싶더니 이장님이었다. 겨우 일어나 앉았다. 여자애가 그러고 누워있으면 보기 흉하다며 비료살포기를 가져오더니 나머지 비료를 담아 논둑에 서서 살 오른 모들을 향해 축포 터트리듯 바람으로 날려 뿌려 주셨다. 십 분도 되지 않아 이삭거름 작업은 끝이 났다. 감사하다는 인사를 했는지조차 기억이 안 난다. 아버지가 계셨더라면…, 아버지가 계셨더라면…, 주책맞게도 논두렁에 퍼질러 앉아 엉엉 울고 말았다.

* 열매를 풍성하게 하는 역할을 한다.

쌀 팔러 간다

　　　　8월 18일은 쌀의 날이다. 시설재배 면적이 늘어나면서 쌀농사는 자가소비 수준이 되고 있다. 정부가 과잉 생산으로 인한 쌀값 폭락을 막기 위해 벼 재배 면적을 2만 6천 ha 감축하고, 1만 5천1백 ha에 논 콩이나 가루 쌀을 심도록 지원하는 '전략 작물 직불제'를 추진해 수급관리를 강화하기로 하였다는 기사를 접한다. 쌀 생산량을 더 정확히 예측하기 위해 드론과 인공지능 기술을 활용할 예정이라고. 사실 점점 쌀의 소비량이 줄어들다 보니 쌀농사의 경제성은 거의 없다고 보아야 한다. 서울에 '한강뷰'가 있다면 시골에는 '하우스뷰'가 있다는 말을 할 정도로 쌀농사보다는 시설재배 면적이 많아졌다.

"반찬은 남겨도 밥은 남기면 안 돼."

그래도 우리나라 사람은 밥을 먹어야 힘이 나는 게 아닐까.

중년에 들어선 친구들과 식사를 할 때면 당뇨병, 고지혈 등의 걱정은 잠시 접어두고 밥만큼은 남기지 말자고 이야기한다. 부모님과 쌀농사를 지어본 친구들이다. 쌀의 소중함을 누구보다도 잘 안다.

늦게 농사일을 시작한 나는 어려서부터 쌀을 팔러 간다는 소리를 듣고 자랐다. 그 말을 이해할 수 없었다. 우리 집은 쌀농사는커녕 상추 한 포기 심을 한 뙈기 땅조차 없었다. 팔 수 있는 쌀이 있을 리 만무했다. 그것이 무엇이었든 돈 주고 사야 하는 집이었다. 엄마는 쌀가게에 쌀을 사러 가면서도 쌀 팔러 간다고 하셨다.

나중에야 알았지만 그것은 가난한 삶을 들키고 싶지 않은 어른들의 화법이었다. 비록 집안에 쌀은 떨어졌지만 마치 쌀이 넘쳐나 내다 팔아야 한다는 듯이 둘러댔던 것이다. 그것은 체면이었을까? 아니면 서러움을 감추고자 했던 넋두리였을까? 쌀을 팔러 간다고 하면 체면도 살리고 가난의 서러운 마음도 위로받을 수 있었던 것일까?

내가 기억도 하지 못하는 어릴 때였단다. 무슨 이유에서인지 도시에서 살던 우리 가족은 무일푼으로 시골로 내려와야 했단다. 그때 딱한 사정을 알던 이웃집에서 쌀을 주었다. 시골 가도 당장 어떻게 살 거냐고. 아이들하고 먹으라며 쌀 한 말을 내어 주었단다. 엄마는 너무 고마워 감사하다고 몇 번이나 고개 숙여 인사를 했다고 한다. 시골에서의 삶이 녹록지 않았지만 그 이웃집은 절대 잊지 않았다.

많은 시간이 흐르고 처음으로 논을 구입하여 쌀농사를 짓게 되고 쌀을 쌓아두고 먹게 되던 때, 부모님은 쌀포대를 가득 싣고 그 이웃집을 찾아가셨다. 집은 허물지 않고 그대로였는데 쌀을 주셨던 어른은 돌아가시고 다행히 아들 내외가 살고 있었다고 한다. 예전 어른과의 일을 이야기하며 그때 받은 쌀이 얼마나 고마웠는지 모른다고, 생명 같았다고, 쌀을 먹으며 열심히 살아 꼭 은혜를 갚겠다고 다짐하셨다는 이야기를 하며 쌀을 주었다고 한다. 아들 내외도 부모님을 잊지 않아 주어서 감사하다며 기쁘게 쌀을 받았다고 했다.

부끄러움을 감추며 '쌀 팔러 간다'는 말을 안 해도 되는 시절을 살고 있다. 집에 쌀이 있다는 것은 안심이 된다는 것이다. 그것은 얼마나 행복한 여유인가. 일 년에 한 번 수확하는 쌀이다. 시절이 달라져도 쌀만큼은 소중히 여길 것이다. 쌀농사는 절대 손에서 놓지 않을 것이다.

에어클리너 커버는 어디로 갔을까?

늦여름이다.

남아 있는 더위를 애써 털어버리고 오늘도 풀은 깎아주어야지 하며 서둘렀다. 한낮의 열기를 피해 아침 일찍 헬멧, 무릎보호대에 휘발유까지 잘 챙겨서 밭으로 간다.

밭을 휘이 한번 둘러본다. 여전히 풀들은 잘 자란다. 슬슬 억세지는 것들도 있다.

한번 씨익~ 웃고는 시동줄을 당긴다. 어라? 여러 번 당겨도 시동이 걸리지 않는다. 지난주까지만 해도 멀쩡히 잘 걸렸는데. 팔이 빠지는 것같이 아프도록 시동줄을 당기다 보니 폭포 같은 땀이 줄줄 흐른다.

툴툴거리며 농기계수리센터에 가지고 가니

"에어클리너 커버는 어디다 두고 왔어요?"

"뭘 어디다 둬? 수리라고는 여기밖에 안 맡기는데 지난번에 커버 빠트리고 조립한 거 아니에요?"

목에서는 흙먼지만큼이나 까칠하고 건조한 소리가 나온다.

"지난번에도 없었거든요. 여기에 먼지나 흙이 들어가면 고장 나기 쉬워요. 그래서 스펀지도 끼워져 있는 건데요. 일단 깨끗이 청소는 해 드릴게요. 그러면 시동도 잘 걸리고 사용하기 편할 겁니다."

풀을 깎다가 몇 번 뒹굴긴 했는데 그때 떨어진 걸까?

"그럼 이 커버는 구입해야 하는 거에요?"

"인터넷에서 팔긴 해요. 그런데 봄 되면 오래된 예초기 버리고 다시 구입하는 분들 있으니까 그때 같은 기종의 예초기에 있는 커버 떼다가 씌워서 써요. 그동안 더 신경 써서 관리 잘하며 사용하시고요."

당장 어찌할 수도 없는 일이다. 집으로 가져와 봐야 없는 커버가 하늘에서 뚝! 떨어질 것도 아니다. 청소를 마친 예초기는 먼지 안 들어가게 넓은 투명테이프로 칭칭 감아둔다. 조금 답답해 보이지만 이 또한 견뎌야 한다. 나도, 예초기도.

풀 깎기를 미룰 수 없다. 햇살이 더 뜨거워지기 전에 밭으로 간다. 풀을 깎으면서 혹시 커버가 떨어져 있는 건 아닌지

두리번거리며 밭을 살폈지만 보이지 않는다. 도대체 어디에서 떨어진 걸까? 귀신이 곡할 노릇이다.

작업을 마치고 벌건 얼굴로 터덜터덜 예초기 매고 집으로 오는데 만나는 어르신들마다 예초기에 감아놓은 테이프를 보며 한마디씩 한다.

"거 얼마나 한다고. 하나 구입하지 그래."

"7,000원 아끼려고요."

"아가씨가 너무 털털한 거 아냐?"

"털털해야 잘살죠."

힘없는 소리로 겨우 말씀드린다.

그 후 농기계수리센터 갈 때마다 눈 크게 뜨고 버려지는 예초기를 살폈다. 같은 기종의 예초기가 언젠가는 나올 것이다. 제발 나와다오.

투명테이프로 칭칭 감겨있던 예초기는 여름과 가을 겨울 세 계절을 보내고 이듬해 봄, 같은 기종의 폐기되는 예초기에 있던 커버를 떼어서 씌워줄 수 있었다.

크게 이루지 못하더라도 잔잔하게 오래도록 농사지으려면 아껴야 한다. 그것밖에 방법이 없다.

가을

입추 나락 크는 소리에 개가 짖는다

개밥보다는 사람밥이 더 비싸야

　　　　　　입추다. 날씨도 좋고 일조시수가 많아 벼가 자라는 속도가 눈에 보일 정도로 빠르다. 한낮의 따가운 햇살을 받아도 하룻밤 지나고 나면 낟알 영그는 소리가 들리는 것 같다. 귀가 밝은 개는 벼 자라는 소리를 들을 수 있을 정도라는 조금은 과장된 말이 생겨났다.

　지구온난화와 환경오염으로 인하여 지구의 온도가 올랐다지만 그래도 절기는 못 속이겠다. 8월 장마철을 무사히 보내고 나면 추수 때까지 물관리에 신경을 써야 한다. 벼농사=물관리인 셈이다. 땅이 갈라질 정도로 물을 말리기도 하고, 물을 듬뿍 주기도 하면서 벼와의 물전쟁을 치루어야 10월 추수 때 건강하고 튼실한 알곡을 얻을 수 있다.

밑비료를 뿌린 뒤 이웃의 도움을 받아 논을 썰고 다져서 모내기 준비를 하였다. 이제는 모판에 볍씨를 뿌리고 물을 주어가며 어린모를 키우지 않는다. 육묘장에 가서 대량 생산된 우량 벼 육묘를 사와서 심는다. 고령화 되어가는 농촌에서 벼 육묘장은 노동력 부족을 해결해 주는 고마운 곳이다. 나처럼 벼농사에 익숙지 않은 사람들 또한 안심하고 좋은 벼육묘를 구입할 수 있다.

어린모를 심어 놓고도 하루하루가 어찌 될까 걱정이었다. 제대로 하고 있는지도 의문이었다. 모를 심고 보름쯤 되면 땅 냄새 맡는다고 한다. 뿌리가 자리를 잡았다는 것이다. 가지거름이라고 하는 웃거름을 주었다. 가지가 여러 갈래 뻗을 수 있도록 도움을 주는 역할을 한다. 모를 심으면 한 포기에 7~8개의 가지가 나와야 하고, 120알~124알 정도의 낱알이 맺혀야 한다고 하였다. 일일이 세어 보아야 하는 걸까? 잘 자라고 있는 것인지 도대체 모르겠다. 눈만 뜨면 논으로 갔다.

어린모가 자라 꽃이 피기 전에는 이삭거름을 한다. 줄기가 통통해지면서 벼에 이삭이 생기기 시작할 무렵에 꼭 해주어야 한다고. 거름이든, 약이든 이웃의 도움을 받아 뿌렸다. 병충해 예방도 해야 한다. 폭염, 폭우가 기승을 부리는 여름이 되면 혹명나방 등으로 인한 병충해를 예방해야 하기에 살충제, 살균제, 영양제 등을 살포한다. 이제 우리 집도 드론을 이용하여 항공방제를 한다. 7월, 8월 두 차례 하는데 3.3㎡당 72원~73원 정도 농약값이 포함된 금액을 지불한다

　들판이 푸르름으로 물들어 가면서 삐죽삐죽 키가 큰 모들이 더러 보인다. 누런 잎새도 보인다. 주인 닮아 키가 큰 건가 싶기도 했지만 무언가 이상이 생긴 것 같아서 한 포기 뽑아 농약 담당하는 분께 보였다. 병이었다. 키다리병. 키다리병은 이삭 팰 때 벼꽃을 통해 감염되기도 하기 때문에 적용약제를 사용해 적기에 방제해야 피해를 줄일 수 있다고 했다. 정상적인 벼보다 1.3배 정도 웃자라게 되고 병이 발생한 벼는 이삭이 올라오지 않으며 벼가 잘 여물지 못해 수량이 감소하므로 출수기 방제를 통한 사전예방이 중요하단다. 사전예방이 되지 않은 나는 농약을 처방받아 와 뿌릴 수밖에 없었다.

　어떻게 해야 농사를 잘 짓는 것인지 모르겠다. 벼 한 포기 들고 여기저기 다니며 물어보고 또 물어보며 친절한 이웃들의 도움으로 논의 물관리까지 받았다.

　장마가 끝나고 나니 일조량이 많아지면서 하루하루가 다르게 누렇게 익어가는 벼가 눈에 보인다.

　조선시대에는 입추가 지나서 비가 닷새 이상 계속되면 조정이나 각 마을에서는 비를 멎게 해달라는 기청제祈晴祭를 올

렸다는 기록이 있다는데 다행히 내가 사는 지역은 비가 많이 내리지 않아 벼들이 잘 자란다.

쌀 가격도 알아볼 겸 가까운 마트에 가니 애완동물코너가 새로이 생겼다. 개사료를 많이 판매하고 있는데 15kg 한 포대에 16,000원~18,000원 정도다. 비싼 것은 1kg당 5,000원을 넘기도 한다. 물론 여러 가지 성분이 들어있다지만 가격표를 보면 쉽게 입이 다물어지지 않는다. 내가 농사짓는 쌀은 20kg에 50,000원~55,000원 정도 하고 있다. 열심히 농사지어 고품질의 쌀을 수확할 수 있도록 해야겠다. 아무리 시대가 변했다지만 개밥보다는 사람밥이 더 비싸야 하지 않겠는가.

귀뚜라미 등에 업혀 오는 처서

땅에서는 귀뚜라미 등에 업혀 오고 하늘에서는 뭉게구름 타고 온다는 처서가 지나고 있다.

밤낮을 가리지 않고 공격하던 무더위도 주춤해지고 아침저녁으로는 제법 서늘한 기운이 감돌며 가을이 오는가 싶은데 모기 입은 삐뚤어질 생각을 하지 않는다. 긴 옷을 입어도 왕왕대며 달려든다. 잡초들은 왜 그리도 빨리 자라는 건지.

"예초기를 맨 그 어깨가 아름다워~♪"

홍얼거리며 감나무밭으로 간다. 먼저 감이 잘 익어 가고 있는지, 어디 무너진 곳은 없는지 살펴본다. 더러 고라니 발자국이 보인다. 감 수확 전 마지막 예초작업이다. 오늘 잡초 깎는 작업을 마치면 엄마를 모시고 외삼촌 댁에 가야 한다. 외할머니 제사가 있는 날이다. 서둘러야 한다.

한국전쟁은 끝났지만 외할아버지는 집으로 돌아오지 않았다. 수소문을 해 보아도 생사를 알 수 없었다. 삼십 년을 넘게 기다렸다. 제사를 지낼 수도 없었다. 살아 있을지도 모른다는 생각에 명절이 되면 모두들 우울해했다.

그러다 내가 초등학교에 들어가서야 할아버지 산소가 만들어졌다. 문중 어른들과 상의하여 집을 나섰던 날짜 1950년 8월 24일, 음력으로 7월 11일이었던 그날이 외할아버지의 제삿날이 되었다. 시신 없는 무덤. 잘라 접은 흰 명주에 외할아버지의 이름과 생년월일을 적은 혼백魂帛을 넣은 관이 천천히 땅속으로 들어갔다. 외할머니는 그 옆에서 땅을 치며 우셨다. 이제야 혼승백강魂昇魄降했다며 어머니도 삼촌도 참았던 울음을 쏟아냈다.

아이 낳고 살림하며 남편 받들고 사는 게 최고의 미덕인 줄 알았던 외할머니는 도시로 나와 억척스러워졌다. 여자는 약해도 어머니는 강하다 했던가. 아이 둘 딸린 과부 아닌 과부였던 외할머니는 목이 부러지도록 이고 다니며 물건을 파는 행상을 오래도록 했다. 그 시절, 여자가 할 수 있는 일이 많지 않았지만 그래도 아이들과 살아야 했다.

하나밖에 없는 딸을 시집보낼 때는 목화솜 이불 두 채에 눈물을 실어 보내며 잘 살아 달라고 사위에게 부탁을 했다. 그러고도 딸네 집에 가면 무어 그리 미안한지 청소며 빨래까지 해 주었다. 그래서 외할머니가 우리 집에 다녀가면 걸레조차 뽀얀 수건이 되었다.

딸과 사위가 처음으로 논을 장만하고 모내기를 하게 되었을 때 누구보다도 좋아했다.

"시골에서는 땅이 있어야 해. 그래야 어깨 펴고 살 수 있는 거야."

그 어깨는 언제쯤 펴지는 것이었을까. 평생 잔뜩 좁히고 소처럼 일을 하는데도 수익이 일정하지 않아 계획성 있게 살기가 쉽지 않은 게 농사꾼의 삶이다. 농사가 잘되어도 언제 어떻게 가격이 폭락할지 아무도 모른다. 자연재해와 기후의 갑작스러운 변화로 수요와 공급이 들쭉날쭉이다.

그럼에도 농사는 묘한 매력이 있다. 계절이 바뀔 때마다 가슴이 뛰고 설렌다. 때에 맞는 작물을 심고 가꾸며 수확하는 일을 이어간다. 보이지 않는 많은 소비자들이 함께 동행해 준다. 육체노동의 가치가 폄하되고 농민의 삶이 존중받지 못하는 시대에 살고 있지만 땀은, 노력은 정직하다는 말을 매일같이 온몸으로 증명해 내고 있다.

논과 밭이 늘어나고 농기계도 늘어나면서 외할머니는 사

위 집에 오는 길이 즐겁다고 했다. 올 때마다 살림살이 늘어 있는 게 보기 좋다고. 손녀는 깨끗한 차림으로 어깨 펴고 외할머니 제사를 모시러 간다. 그 길이 힘들지만은 않은 초가을이다.

베개 속에서 호두 구르는 소리

　　　　　　　　백로白露가 찾아왔다. 이제 호두를 수확해야 한다. 하나둘 초록색 호두 껍질에 균열이 생긴다. 아침부터 햇볕이 보였다 구름이 보였다 한다. 햇볕이 강해 눈이 부신 것보다는 좋겠다 하면서 이른 아침부터 호두를 털기로 한다. 내 키보다 훨씬 긴 대나무를 잘라와서 나무에 매달린 호두를 향해 휘두른다. 까치발을 하고 대나무로 호두를 턴다.

　대나무가 휘청여, 힘없이 떨어뜨린다. 위를 보고 털자니 고개가 부러질 것 같다. 톱을 들고 나무 위로 올라간다. 호두나무는 자르지 않는 것이 좋다고 했지만 댕강댕강 주가지를 자른다. 어쩔 수 없다. 나무가 크면 방제약을 살포할 때도 힘들고 호두를 수확할 때도 어렵다. 내년에 도장지가 나겠지. 가지를 받아서 호두가 열리게 하면 되는 거지 뭐. 잘려진 나무에서 호두를 떼어내 자루에 담는다.

하늘이 점점 새카매진다 싶더니 후두둑 후두둑 굵은 소나기가 내리기 시작한다. 아직 크기별로 선별도 하지 않았는데 어쩐담. 우비며 우산을 생각할 겨를이 없다. 호두가 비를 맞으면 안 될 것 같다. 자루에 담겨진 호두를 손수레에 담아 창고로 향한다. 비를 맞아 질척거리는 땅이라 손수레가 잘 가지도 않는다. 얼른 옮겨야겠다는 생각만 든다.

어디서 힘이 났는지 걸음이 빨라진다. 호두가 가득 담긴 손수레를 끌고 가면서 눈물샘이 터져버린다. 예전 같으면 트랙터로 옮겼을 텐데. 긴 대나무 필요 없이 트랙터에 타고 올라가 호두를 수확했을 텐데. 눈물 콧물을 훌쩍이면서 창고에 쭈그리고 앉아 크기별로 선별한다. 장갑에도, 손에도 호두물이 들어 새카맣다. 내 마음 같다. 주책맞게 눈물은 왜 자꾸 난담.

다음 날 아침 일찍 선별한 호두를 가지고 농협으로 향했다. 사람들이 많다. 번호표를 받아들고 수매할 차례를 기다린다. 다들 트럭이며 경운기에 한가득 싣고 왔다. 나만 소형차에 일곱 자루 실었다. 문제는 다른 데서 터져버렸다. 번호표를 받아든 사람들은 다들 화가 잔뜩 난 얼굴이다. 얼른 수매해 놓고 일을 하러 가야 하는데 시간이 너무 지체되고 있었다.

"저기 저 얼쩡거리는 차는 좀 빼라니까!"

큰소리가 난다. 얼쩡거리는 차? 지금 나보고 하는 소리야? 나도 엄연히 번호표 받은 사람이다.

"저도 수매하러 왔거든요. 번호표 받았거든요!"

"…"

작은 차는 차도 아닌가, 산더미만큼 싣고 온 것만 호두란 말인가. 그런데 일곱 자루 중에서 세 자루는 퇴짜를 맞았다. 작은 것은 받지 않으니 가져가라고 한다. 작은 것은 아예 가져오지도 말라면서.

"작은 것도 어딘가 쓸모는 있을 건데요. 한번 생각 좀 해주세요. 이걸 제가 다 먹을 수도 없잖아요."

"아니 그걸 왜 나한테 말해요? 지금 차들이 줄 서 있는 거 안 보여요?"

화는 왜 낸담. 세 자루를 다시 차에 싣고 오는데 또 눈물샘이 터져버린다. 나도 크고 좋게 농사짓고 싶다. 세 자루에 담긴 저 작은 호두는 어찌 해야 할까. 저 호두를 내가 다 먹을 수도 없고 어쩌라는 건지. 토종호두를 어찌 해야 크게 만들 수 있을까. 토종호두가 주먹만 하게 되지는 않을 건데…. 이러저러한 생각으로 집에 돌아와서도 차에서 내리질 못하겠다. 실려 있는 호두 세 자루를 차마 못 내리겠다.

엄마는 작은 호두의 초록색 껍질을 까서 짧은 가을 햇볕에 널어 두었다. 며칠 뒤 이불장 속 푹 꺼진 베개 속은 마른 호두로 채워졌다. 그래, 두루마리 휴지를 베고 있는 것보다는 낫지. 건강에 좋을 거야. 호두가 뇌에 좋다잖아. 좌르르좌르르 베개 속 호두 구르는 소리에 낮잠이 쏟아지는 늦가을 한낮이다.

힘 나는 시골살이를 위하여

　　　　　추석을 이틀 앞두고 아침 일찍 대추나무 아래에 포장을 깐다. 사다리도 가져온다. 대추 따는 작업이 시작되었다. 대추에 상처가 날까 봐 사다리를 타고 올라가 다닥다닥 붙어 있는 대추를 하나하나 손으로 딴다. 그래도 스치기만 해도 떨어지는 대추가 제법 생긴다. 앞치마 가득 대추가 채워지면 바구니에 천천히 쏟아붓는다. 아직 색깔이 많이 빨갛지는 않지만 풋내는 없다.

　예로부터 대추는 자손의 번창을 상징하는 과실로 제사와 혼례에 빠지지 않고 사용되었다. 열매가 많이 열리는 데다 꽃 하나가 피면 반드시 열매 하나를 맺고서야 떨어지는데, 이는 사람도 반드시 자식을 낳고 가야 한다는 뜻으로 풀이되었다.

혼례식에서 폐백을 드릴 때 며느리의 치마폭에 대추를 던져주는 것도 마찬가지로 '아들딸 구별 말고 자식을 많이 낳아라'는 뜻이다. 또한 대추의 붉은색은 임금의 용포를 상징하고 씨가 하나뿐이어서 왕을 상징하는 과일로도 통한다.

수확한 대추는 깨끗하게 세척하여 비닐포장에 담아 빵끈으로 야무지게 묶어준다. 바구니에 담아 로컬푸드매장에 간다. 지난겨울 땅콩호박을 판매한 경험이 있어 낯설지 않다. 매장 문이 열리기 전에 얼른 포장된 대추를 진열해 놓아야 한다. 추석 3일 전부터 매장에 진열해 놓는다. 명절 기분도 낼 겸 한복 입고 갔더니 직원이 흠칫 놀란다. '추석이잖아요.' 눈으로 인사를 하고 들어갔다. 로컬푸드매장은 농민이 농사지은 농산물을 직접 포장하여 판매대까지 올려 놓아야 한다. 조명을 받은 비닐포장지가 반짝인다. 별빛처럼 아름답다.

건조된 대추와 생대추를 포장하여 나란히 판매대에 진열해 두었다. 추석 무렵의 대추는 당도가 많이 올라가지 않아 단맛이 부족한 경우가 많다. 그래도 조상님들 차례상 첫 번째 자리에 놓아야 한다.

당도가 부족하다 보니 차례를 모신 후에도 잘 먹지 않는 것 같다. 그래서 제기에 담겨질 정도의 양만 소포장하여 판매하였다. 그것은 적중하였다. 금세 매진이 되었다. 햇과일을 올리기도 하지만 건조된 대추는 차례상에 올려진 뒤 차를 끓여 먹는다든가 잘라서 요리의 고명으로 사용하여 실속파 소비자들은 건조된 대추를 선택하는 것을 볼 수 있었다.

 시골이라 집집마다 한두 그루의 대추나무는 있을 것 같은데 과연 팔릴까? 생각이 많았다. 생각 외로 잘 팔려서 기분이 좋았다. 시도하지 않으면 아무것도 이룰 수 없다고 했던가. 잘못될까 봐, 망신일까 봐, 실패할까 봐…. 두려움에 아무것도 하지 않는다면 이룰 수 있는 것도 없다. 금액으로 치면 얼마 되지 않지만, 농민들은 잘 키워서 잘 팔려야 힘이 난다. 힘 나는 시골살이를 위하여!

왼갖 잡새가 날아든다

　　　　시골 생활의 즐거움 중 하나라면 닭을 키울 수 있다는 것이다. 작은 병아리들이 어미닭을 종종걸음으로 따라 다니는 걸 보면 얼마나 귀엽겠는가. 청계 병아리 몇 마리를 분양받아 오면서 얼른 키워 달걀도 얻고, 부화도 해보겠다는 생각에 덩실덩실 신이 났다.

　이왕 닭을 키우는 거 사료를 먹이지 않고 자연 속에서 충분히 뛰어놀며 지낼 수 있도록 해주고 싶었다. 상품가치가 없는 쌀이나 잡곡을 구입하여 먹을 수 있도록 하였다. 과일이 풍부한 영동이라 흠이 있거나 너무 작은 못난이 과일들도 가져와서 먹였다. 집 안에서 나오는 음식물과 함께 과일껍질, 야채 부산물 등과 섞어서 주기도 하였다. 내가 먹는 음식을 같이 먹으니 한식구나 마찬가지다. 겨울을 제외하고는 매일 아침 신선한 풀을 뽑아서 잘게 썰어주었다. 흙도 먹을 수 있도록 하였다. 흙이나 모래는 위장에서 음식물과 섞여 잘게 부수어 준다. 이빨이 없는 닭의 소화를 돕는 역할을 한다.

 병아리들이 크고 수탉과 암탉의 구분이 명확해지면서 아침이면 수탉이 '꼬끼오~!' 소리를 내고 커다란 날개로 홰를 쳤다. 빛을 민감하게 느낀다는 닭은 잠에서 깨어나면 본능적으로 울어댄다. 사람보다 먼저 아침을 시작한다.

 닭들의 서열도 재미있다. 아침밥을 주면 수탉은 절대 먼저 먹지 않는다. 암탉들 주위를 돌면서 어서 먹으라고 꼬꼬꼬꼬 소리를 내며 주변을 살펴준다. 암탉들이 다 먹고 배부르다며 홰에 올라가 쉬고 있으면 그제서야 수탉이 와서 먹는다. 자유롭게 교배하며 자연이 준 수명대로 산다.

 닭털에서 윤기가 흐른다. 일출을 꼭 닮은 노른자가 든 푸른 달걀을 낳아 주고 있다. 금방 낳은 달걀의 따뜻한 기온은 사람을 평온하게 만들어 주었다. 일반 달걀에 비해 작고 갸름하다. 그때 그때 크기도 모양도 제각각이지만 보기만 해도 건강해지는 느낌이다. 이웃들과 나누어 먹기도 하고 명절이면 선물도 하였다.

 닭을 키우고 번식시키는 것은 그리 어렵지 않다. 둥지를 만들어주면 알을 낳는다. 알을 낳고는 자리를 뜨지 않고 품고 있기도 한다. 알이 품 밖으로 나가기라도 하면 입으로 달걀을 끌어모아 품에 넣는다. 둥지에 앉아 알을 품다가 가끔 물을 먹으러 자리를 뜬다. 3주 정도 지나면 어미 닭 품 사이에서 병아리들이 한두 마리씩 보이기 시작한다. 품었던 알이 한꺼번에 부화하는 것은 아니다. 하루나 이틀쯤 늦게 부화되기도 하기에 며칠은 지켜보아야 한다.

그날은 닭집이 소란했다. 푸드득 날갯짓도, 꼬꼬댁도 아닌 꽤액꽤엑 비명소리가 들렸다. 쥐나 다람쥐를 보고 놀라더라도 저렇게 죽는 소리는 안 냈는데 이상하다 싶어 나가 보니 닭들은 구석에 모여 있고 몇 마리는 죽어서 누워 있었다. 전쟁터가 따로 없었다.

난생처음 보는 커다란 새 한 마리가 떠억하니 홰에 올라가 있는 게 아닌가. 닭들하고 한바탕 전쟁을 치뤘는지 날개는 젖어 있었다. 눈동자가 매섭다. 발톱도 날카롭다. 이걸 어떡해야 하나. TV에서 본 것처럼 119에 전화해서 잡아달라고 해야 하나? 이런 새도 잡아주려나? 오만 가지 생각을 하며 전화를 하니 잡아준단다. 그런데 지금은 벌집 제거 중이니 삼십여 분은 기다리라면서.

닭집 앞을 오가면서 저 새를 어찌해야 하나, 내가 들어가

잡으면 되지 않을까 고민했다. 벌벌벌 떨고 있는 닭들을 보니 안쓰럽기만 했다. 얼른 와서 저 새를 좀 잡아주지. 30분이 세 시간은 되는 것 같았다.

　소방차가 도착하고 커다랗고 튼튼한 매미채를 들고 성큼성큼 걸어오는 119 구조대원들을 보니 어찌나 든든해 보이는지. 닭집으로 들어가더니 한 번에 탁! 하니 새를 잡았다. '매'라고 했다. 지금은 물을 뒤집어써서 날개가 젖어 그렇지 크고 사나운 새라고 하였다. 맹금류는 함부로 잡으려고 하지 말고 119로 전화하라고 일러주었다.

　잡은 새는 야생동물센터에 보내진다고 하였다. 수의사와 함께 감염성 질병에 대한 여러 가지 검사를 하고, 기본 상태를 확인 후 야생으로 방생하고 있다고. 제발 먼 곳으로 가서 날려 보내 달라고 부탁하였다.

　구조대원들이 돌아가고 나서 닭집을 보수하였다. 지붕에 조그마한 구멍이 하나 보이는데 아마 그곳을 통하여 새가 들어온 듯했다. 새롭게 울타리와 틈을 보수하고 닭집 망을 좀 더 촘촘한 것으로 바꾸어 주었다.

　닭들은 연신 물만 먹어댔다. 목이 탔나 보다. 닭집 안을 정리하고 물그릇을 비워 깨끗한 새 물을 담아주었다. 망할 새새끼 같으니라고. 구시렁거리며 죽은 닭들을 감나무 아래에 고이 묻어 주었다.

    남은 닭들은 무서움이 가시지 않았는지 그날 밤은 홰에 올라가지 않고 바닥에 모여서 잠을 잤다. 다행히 다음 날부터는 활동력을 되찾아 씩씩하게 잘 놀고 먹이활동도 잘 하였다. 그리고 다시 푸른 알을 낳기 시작했다. 달걀을 먹는 게 괜히 미안해지는 날이었다.

농사를 하려면 낫질부터 배워야

하지가 오면 감자를 캐고 들깨를 심는다. 들깨는 기르기 쉬운 작물 중 하나다. 충분한 햇빛과 적절한 물 관리만 신경 쓰면 잘 자란다. 특히 산짐승들이 싫어하기 때문에 별도의 울타리를 치지 않아도 안심이 된다. 퇴비를 적당히 뿌려주고 답답하지 않을 정도의 간격을 두고 심어준다. 그러고는 몇 번의 순치기로 가지를 벌려 놓으면 한 그루라도 굵고 크게 자란다.

깻잎도 많이 나온다. 순, 잎, 꽃, 씨앗까지 충분히 먹을 수 있다. 장맛비에 더러 쓰러지기도 하지만 뿌리가 뽑히지는 않는다.

들깨라고 해서 벌레나 곤충들이 없는 것은 아니다. 돌돌

돌 잎이 말려있는 것을 뒤집어 보면 거미줄 같은 흰색 꾸러미가 보인다. 그 안에 벌레가 있을 때도 있다. 초록초록한 들깨벌레가 내 옷을 타고 건너오기도 한다. 처음에는 화들짝 놀라 소리를 질렀는데 이제는 그러려니 하면서 떼어내 황천길로 보낸다. 농약을 안 하니 벌레가 온다. 개구리가 많아 시끄럽다. 꽃이 피어야 한시름 놓는다.

 들깨의 키가 크면 순지르기를 해준다. 과감하게 자른다. 순지르기는 여러 번 반복해 주는데 키가 크지 않으면 하지 않아도 된다. 들깨의 키가 크면 수확할 때 힘이 든다.

 들깨는 겉으로 보아 꽃이 지고 꼬투리의 절반 이상이 갈색으로 보이면 수확을 준비해야 한다. 이때는 잎도 누렇게 변하기 시작한다. 이 시기에는 양분을 씨앗으로 보내야 하기 때문에 깻잎을 따주는 것이 좋다. 누렇게 익은 깻잎을 따면 버리지 않고 소금물에 삭혀서 깻잎 김치를 담가 먹기도 한다. 들깨 수확은 너무 일찍 하면 쭉정이가 많아지고, 너무 늦어지면 꼬투리가 다 익어 깨가 쏟아져 수확량이 적어진다. 늦지 않게 수확해야 한다.

 아버지가 돌아가시고 다음 해였다. 그해는 조금 늦어졌다. 깨가 쏟아질까 봐 걱정을 하며 이슬이 살포시 내려앉은 이른 아침부터 깨를 자르는 작업이 시작되었다. 들깨를 자르고 있으려니 동네 할머니들이 하나둘 모여든다. 내가 들깨 자르는 것을 구경하는 것이다. 잘라서 모아놓은 들깨를 무심한 듯이 보는 것 같아도 들깨 농사가 잘되었는지 날카롭게 본다. 꼬투리를 만져보는 분도 있다. 사람 구경, 들깨 구경으로 점점 할머니들이 모이고, 왔다 갔다 하더니 얼마 안 가 할머니 한 분이 참다 못한 표정으로 한마디 한다.

"어째 깨를 가위로 자르고 있어? 낫으로 쓱쓱 베어야지."

"그러게요. 제가 낫을 사용하질 못하네요. 무서워서 낫을 못 들어요."

"농사를 하려면 낫질부터 배워야지. 무섭긴 뭐가 무서워?"

모로 가도 서울만 가면 된다고, 나는 그냥 성능 좋은 전지가위로 들깨를 하나하나 잡아 싹둑싹둑 자른다. 낫질 못 한다고 톱질해서 자를 수는 없지 않은가. 허리도 아프고 손가락도 아프지만 뭐 괜찮다. 참을 만하다. 들깨 자르기가 끝나자 하늘의 구름도 흩어졌다. 아침 해가 언뜻 보였다. 곧 동그마니 해가 떠오를 것이다. 손수레에 꾹꾹 눌러 담아 집으로 가져간다.

깨를 말리며 건조하는 과정을 '깨를 찐다'라고 표현한다. 우리 집은 작은 하우스가 있어서 그 안에 비닐을 깔고 한 줌씩 들깨를 묶어 세워 놓았다. 빠짝 마른 깻대를 회초리 닮은 나뭇가지로 톡톡 쳐서 깨를 비닐 위로 떨어뜨린다. 우수수 싸락눈 떨어지는 소리를 닮았다. 한 번에 깨가 다 털리지는 않는다. 뒤집어 가며 몇 번 반복해야 한다. 들깨 향이 진하게 퍼진다.

다음 작업은 엄마가 한다. 키질이다. 젊은 나는 키질을 할 줄 모른다. 먼지와 부스러기가 섞인 그것을 키질을 통해 바람에 날린다. 그렇게 해서 얻은 들깨는 참 귀하다. 깨끗이 물에 헹구고 말리면 소박하게 양이 줄어든다. 그 귀한 들깨를 방앗간에 가지고 가서 들기름을 짜거나 들깻가루를 만들어 일 년 내내 먹고 있다.

여러 가지 채소 등을 직접 재배해서 먹으니 무엇이 진짜 맛인지 알게 되었다. 수확한 농산물을 먹는 행복은 땀 흘리며 수고한 노동을 잊게 해준다.

목화솜 이불 두 채

추분에는 낮과 밤의 길이가 같아진다. 추분이 지나면 점차 밤이 길어지기 때문에 여름이 가고 가을이 왔음을 실감하게 된다. 여름 더위가 남아 있지만 벌레들은 땅속으로 들어갈 채비를 시작하고 있다.

호두 수확이 끝난 시기라 감을 수확할 때까지는 여유가 있다. 화단에 심어놓은 목화를 따고 국화도 따서 차를 만들며 잡다한 가을걷이를 한다. 엄마는 호박고지, 깻잎, 고구마순을 따거나 산채를 말려 묵나물을 준비한다.

해마다 조금씩 목화를 심고 있다. 5월이 오면 목화씨앗을 하룻밤 동안 물에 담궈놓고 화단에 심는데 7월 중순부터 꽃이 피기 시작하여 45일 정도 꽃을 피우고 나면 다래가 된다. 예전에는 다래가 열리면 먹었다길래 나도 하나 먹어보았다. 달콤하면서도 시큼하고 비릿한 맛이랄까. 내 입에는 맞지 않다.

3~5조각으로 나뉘어진 다래는 성숙하면 조각별로 벌어져 건조되면서 10월부터 솜이 가득 채워진 목화송이를 볼 수 있다. 꽃받침에서 솜을 분리하여 모자나 가방에 채워 두기도 한다. 축 처져 있던 모자와 가방이 힘을 얻어 예쁘게 서 있다. 꽃받침도 버리지 않고 꽃병에 꽂아두고 가을 기분을 만끽한다.

셀 수 없이 다양한 꽃이 많지만 점점 우리 고유의 꽃은 찾아보기 힘든 것 같다. 씨앗을 구해 일부러 심지 않으면 볼 수 없는 꽃들도 많아졌다. SNS에 한 번씩 목화꽃을 올리기도 하는데 신기하다고 하는 분들도 계시고 옛날 생각이 난다는 어르신들도 만나게 된다.

어느 해인가 딸을 결혼시킨다는 어머니로부터 연락이 왔다. SNS에서 보았는데 결혼하는 딸의 함에 목화솜을 넣어 보내고 싶다고 하였다. 솜과 꽃받침이 분리되지 않은 걸 판매할 수 없냐는 것이었다.

딸을 시집보내면서 온 정성을 다하고 싶은 어머니의 마음에 돈을 받을 수 없어서 몇 개만 필요하다는 것을 고이고이 예쁘게 상자에 담아 보내 드렸던 기억이 있다. 목화의 꽃말은 "어머니의 사랑"이라고 한다. 그 따님은 목화솜만큼이나 포근

한 어머니의 사랑으로 잘 살고 있을 것이다.

　엄마도 외할머니의 사랑으로 채워진 목화솜 이불 두 채를 가지고 시집왔다고 한다. 6.25전쟁 때 실종되어 생사를 알 수 없는 외할아버지. 여자가 할 수 있는 일이 많지 않았던 그 시절 외할머니는 행상을 하면서 엄마와 삼촌을 키웠고, 머리에 함지를 이고 다니며 이것저것 팔았다고 하였다. 소같이 일을 해도 늘지 않는 어려운 살림, 그래도 엄마를 시집보내면서 목화솜 이불 두 채를 해주었다고 한다. 결혼 필수품인 신혼이불을 마련하기 위하여 몇 해에 걸쳐 목화를 심어 가꾸며 솜을 두둑이 준비하고 좋은 날을 잡아 이불을 만들었다고 하였다. 딸이 잘 살기를 바라는 마음으로 한 땀 한 땀 정성을 들여 바느질을 하셨을 것이다.

　세월이 흐르면서 엄마는 무거운 것이 싫다며 목화솜 이불은 장롱 차지가 되었다. 엄마에게 목화솜 이불은 단순한 이불이 아니었다. 아이 넷을 키우며 수십 번 이사를 하면서도 제일 먼저 챙긴 것은 목화솜 이불 두 채였다. 낡고 헤져도 버릴 수 없는 그리움이었고 삶에 대한 애정이었다.

　그 목화솜 이불을 내가 쓰겠다고 하여 다시 꺼냈다. 목화솜을 두툼하게 넣은 요는 묵직하여 몸에 감기는 따뜻함이 있다. 보송보송한 감촉에 기분이 좋다. 아이처럼 얼굴을 이불에 묻어본다. 외할머니 냄새가 난다. 대를 잇는 그리움이 나에게도 생겼다.

달콤한 감 먹고 마음까지 달콤하게

한로가 지나면 제비도 강남으로 간다.

그 제비가 강남으로 가기 전에 대봉감 수확을 마쳐야 한다. 곶감용으로 많이 이용되는 둥시감은 상강이 오기 전에 수확을 마쳐야 하지만 얇은 서리를 몇 번 맞으면 더 달콤해지는 대봉감은 수확을 조금 늦게 한다. 10월 25일 이후에 수확이 시작된다.

하나만 먹어도 배가 부를 정도로 큰 대봉감은 특히 감과 감잎에 비타민C가 풍부해 위궤양이나 혈소판 감소증에 따른 피하출혈로 멍이 들기 쉬운 사람에게 약이 된다고 전한다. 특히 감꼭지에는 딸꾹질을 멈추게 하는 성질이 있어 연시를 먹을 때 감꼭지를 모아뒀다가 오래도록 달여 마시기도 했단다.

겨울철 감기 예방에도 좋은 과일이다.

요즘은 대봉감으로도 곶감이나 감말랭이를 많이 한다. 감타래라고 하여 감을 주렁주렁 매달아 놓은 것을 많이 볼 수 있었는데 시대의 흐름에 따라 건조기를 이용하여 곶감을 많이 만들고 있다.

이른 아침부터 감 수확을 위해 준비를 한다. 플라스틱 상자, 장갑, 장화, 감 따는 장대, 감꼭지를 정리하는 집게 등 손수레에 싣고 밭으로 간다. 잡초를 베지 않은 땅에는 늦가을임에도 잡초가 가득하다. 농약을 최소화하고, 제초제를 사용하지 않고 잡초를 가꿔서 거름으로 쓰는 초생 재배 방식으로 기르고 있기 때문이다.

장화발로 엉킨 잡초들을 헤치며 걷는다. 거름으로 사용하는 잡초 때문에 땅이 물을 많이 머금고 있어 대봉감은 색도 예쁘고 과즙이 풍부한 홍시가 된다. 이번 가을에도 주황빛 열매들이 주렁주렁 매달려 있다. 너무 많이 열려 나뭇가지가 힘을 못 이겨 땅에 닿을 정도다.

대봉감은 가위질을 두 번 해야 한다. 나무에서 열매를 분리한 뒤 꼭지 길이를 최대한 짧고 뭉툭하게 자르기 위해 남은 가지를 다듬는다. 열매가 상자나 바구니에 담겼을 때 서로 긁히지 않게 하기 위한 작업이다. 특히 반드시 해야 할 것이 있는데 감 과정부*의 뾰족한 입을 닮은 수술이 감이 다 커도 떨어지지 않는 경우가 많다. 이것을 꼭 제거해 주어야 한다. 작지만 감에 닿으면 앙칼지게 상처를 내버린다. 상품성이 떨어질세라 수확하면서 바로 제거하여 상자에 담는다.

　대봉감은 경매로도 출하가 되지만 택배로 받고 싶다는 고객들이 많다. 감을 들고 하나하나 국보급 도자기 보듯이 돌려보며 상처가 있는지, 벌레가 먹은 곳은 없는지 살펴보고 과일망을 씌운다. 감끼리 부딪쳐 멍이 들면 곰팡이가 생기기도 한다. 대봉감의 곰팡이는 속에서 생기는 것이 아니고 겉의 상처에 의해서 생기는 경우가 많다.

　나도 생산자 이전에 소비자다. 택배로 받은 과일에 상처가 나 있으면 기분이 언짢다. 안전하게 포장을 한 것을 받으면 정성이 느껴져 기분이 좋다. 이렇게 포장한 상자에 주소를 적고 택배 스티커를 붙이면 포장 작업은 끝이다.

　제철 과일은 가격도 저렴하고 환경까지 지키는 착한 과일이다. 달콤한 감 먹고 마음까지도 달콤해지길 바라는 생산자의 마음을 제비들의 힘찬 날갯짓에 담아 보내본다.

＊꼭지 반대편.

농사는 사람과 자연이 함께 하는 일

10월이 오면 농협에서는 감 경매장을 연다. 올해 경매는 언제부터 시작되는지 알아봐야 할 시기다. 10월 10일경 개설해 10월 말까지 경매를 진행하는 편이다. 경매장의 일정과 감나무의 감이 얼마만큼 익었는지 살펴보며 수확할 때를 가늠한다.

몇 해 전, 때 이른 강추위에 감나무의 감들이 얼어버리는 최악의 사태가 생긴 적이 있었다. 얼어버린 둥시감은 곶감으로 만들 수 없다. 껍질을 깎아 곶감으로 만들어도 새카맣고 딱딱하게 굳어져 버린다. 폐기할 수밖에 없는 것이다.

나는 둥시감을 생감으로만 판매하고 있기에 감에 상처가 나지 않도록 가지째 꺾어가며 감을 따고 있다. 가지를 때리거나 나무를 흔들어 수확하지 않는다. 나무 위에 올라가서 아래에 깔아놓은 매트로 던지거나 하지는 않는다. 나무의 키를 키우지 않는다고는 하나 그래도 높은 곳의 감은 긴 집게를 활용하여 따고 있다.

아무래도 높은 가지는 눈에 거슬린다. 하늘 높은 줄만 아는 감나무다. 잠시 감 따는 것을 멈추고 톱을 가지고 와 자른다. 감나무는 가지가 약하고 잘 부러져서 낙상사고가 잦은 편이라 최대한 조금만 올라간다. 균형을 잡느라 다리에는 힘이 들어가고 톱질하는 팔은 힘이 빠지기 시작한다. 그래도 잘라야 내년이 편하다. 밀 때는 천천히, 당길 때는 힘을 다해서. 아버지가 가르쳐 주신 톱질을 상기하면서.

그런데 자르다가 그만 톱을 놓치고 말았다. 하필 무릎에 탕~ 하니 맞고 떨어진다. 바닥에 떨어진 톱을 한번 보고는 나무 자르기는 멈추고, 일단 손에 닿는 감 따기를 마저 하였다. 감이 나뭇가지에 찍혀서 상처가 나기라도 하면 곤란하다. 예쁘고 깨끗한 최상의 감을 내보일 것이다. 내 몸엔 잡다한 농사의 흔적들이 남아도 감은 깨끗하고 예뻐야 한다. 감을 따고 내려오는데 바지가 축축하다. 땀이 난 것도 아닌데 왜 그러지? 바지를 걷어보니 피가 보인다. 아까 톱을 떨어뜨리면서 무릎을 맞았는데 그때 생긴 상처인가 보다. 아프지 않았는데 상처가 깊어 보인다. 바지가 피로 물들어가고 있었다.

　농사를 지으면서 몇 번이나 가봤지만 응급실은 늘 낯설다. 다행히 꿰맬 정도의 상처는 아니지만 흉터는 남을 거라고 한다. 그러고는 파상풍 예방접종을 했냐고 묻는다. 톱으로 난 상처이기에 파상풍 예방접종을 해야 한단다. 녹슨 톱이 아니라고 말해도 예방접종을 권한다. 그것도 10년 주기로 맞는 것이 좋다고 묻지도 않았는데 친절하게 말해준다. 4만 원이란다. 파상풍 예방보다 4만 원이면 생감 몇 박스를 팔아야 하나 셈부터 먼저 하게 되다니. 망설일 시간이 없다. 얼른 예방주사를 맞고는 병원을 나섰다.

　당장 무릎이 조금 불편하다고 쉴 수는 없었다. 상강이 오기 전에 둥시감은 수확을 마쳐야 한다. 쾌청한 가을 날씨라지만 밤에는 기온이 매우 낮아진다. 짙은 서리라도 맞으면 큰일이다. 나머지 감을 따야 했다. 다음 날 이른 아침부터 작업에 나섰다. 감을 따서 플라스틱 박스에 차곡차곡 담았다.

　내가 사는 지역은 관행적인 뒷박거래와 속박이 등 불공정 거래를 방지하고자 감 한 상자 20㎏ 정량제를 한다. 종이 박스 및 플라스틱 박스 경매를 실시하고 있는데 감 한 상자를 가져와도 경매에 참여할 수 있다. 농산물을 제값 받고 팔 수 있는 환경이다.

서둘러 플라스틱 박스에 담은 감을 경매장으로 가져갔다. 경매가 시작되자 중도매인의 손길이 바빠진다. 상자를 옮겨가며 감을 확인하고 전자경매기의 입력기 버튼을 누르면 낙찰된 감의 품명·생산자·등급·가격 등이 빠르게 지나간다. 감도 많고 사람도 많다. 순식간에 끝나는 경매다.

농사를 짓는다는 것은 사람과 자연이 함께 해야 하는 작업이다. 올해도 자연과 더불어 일 년의 소중한 결실을 맺었다.

사는 게 꽃 같네

　　　　　억새들은 고개를 숙이기 시작했다. 할 일 다 끝낸 허수아비는 찢긴 옷자락을 여밀 생각이 없다. '탈탈탈~', 경운기는 마지막 속력을 낸다. 아담하게 자리한 장독대에는 감국甘菊이 내려와 수문장을 한다.

　짧은 가을 햇살을 따라 더 바빠진 건 엄마다. 손이 많이 가는 밭일이 차곡차곡 마무리되면 사돈댁 맞이하듯 온 정성을 다해 국화를 따 술을 담근다. 집에 술을 즐기는 사람도 없는데 해마다 하지 않으면 큰일이라도 나는 양 작은 몸은 볕 짧은 가을에 더 바쁘다. 어디 그뿐인가. 수줍어하는 어린 국화는 그늘에 잘 말려 베개 속에 꾹꾹 채워 넣는다.

　코흘리개 시절, 봄이면 쑥하고 같이 싹이 올라오는 통에 쑥을 캔다며 마당의 국화 싹을 모조리 뜯은 적이 있다. 생긴 게 어찌나 그리 똑같아 보이던지. 쑥은 아니었지만 피곤을 풀어주는 약재로 쓰인다며 엄마는 쑥 대신 국화 싹을 뜯은 나를 야단치지 않으셨다. 어린잎에 튀김옷을 입혀 고소하게 튀기고는 후후 불어 식혀가며 작은 내 입 속에 넣어 주셨다. 어린 마음에 꽃이 안 필까 봐 먹으면서도 불안했던 기억이다. 하지만 그해 가을 국화는 더 많은 꽃을 피웠다.

엄마에게 있어 국화는 가을에 흔하게 볼 수 있는 단순한 꽃이 아니다. 국화는 엄마의 아버지였다. 6.25전쟁이 일어나고 세 살배기 몸으로 업히며 걸으며 어디로 가는지조차 몰랐던 피난길. 그 피난길에서의 고달픔과 실종된 아버지. 홀어머니 아래에서 자라며 슬픔만 가득했던 유년 시절의 자취를 이제는 염색조차 허락하지 않는 머리카락과 깊이 파인 주름 속에 감추고 살아오신 엄마다.

오랜 시간이 지나고 외할아버지가 집을 나섰던 날짜로 제삿날은 정해졌다. 시신 없는 무덤을 만들어 장례를 치루고 모두들 지친 몸으로 산에서 내려오는데 진한 향기가 바람에 실려왔다. 국화 향이었다. 한참 동안 시선을 주어 바라보던 엄마는 그날 이후 집 둘레에 국화를 심기 시작하셨다.

가을이 되자 노란색, 흰색, 빨간색… 색깔도 모양도 여러 가지인 국화가 피어났다. 한낮에는 눈이 부신다. 국화꽃에도 눈이 부실 수 있다는 것을 처음 알았다.

    엄마의 향인지, 국화의 향인지 헷갈리기 시작한다. 담장 아래에도, 텃밭에도 국화 향이 가득하다. 바람이 불면 국화 물결은 두꺼워지는 옷을 진한 향으로 물들여 놓는다. 포근한 그 향은 머리를 맑게 해주고 내 몸을 편안하게 한다.

    중양절이 다가오면 엄마는 또다시 바빠진다. 찹쌀가루를 더운물에 반죽하여 동글납작하게 빚고 노란 꽃과 어린잎을 얹어 화전을 만들고, 지난해 담가놓은 국화주에 꽃잎을 띄우며 향기에 취하신다. 지나가는 이웃들 불러 한바탕 가을 잔치하고 나면 냉서리 한 움큼 쏟아지겠지.

공부하지 않으면 농사도 못 한다

　　　　　농업인이 된 지-늘 초보 농사꾼이지만- 여러 해가 지났다. 어디 가서 농업인이라고 말하기 부끄럽지만 묘한 매력이 있는 땅과 함께하는 시간이 행복하다.

　농업 인구가 급격히 감소하고 있는 실정을 감안해서 정부에서 농업의 중요성을 강조하고, 농민들의 의욕을 고취시키고자 11월 11일을 농업인의 날로 정하였다. 농촌의 고령화로 인한 노동력 부족에 농자재 가격 상승, 농업 부문 예산 감소 등 제대로 된 지원이나 대안은 없으면서 농업 경쟁력 어쩌고 해 보았자 산업화된 사회에서 농민들은 잔뜩 위축되어 늘 벼랑 위에 서 있는 기분이다. 모든 물가가 오르면서 생산 비용이 급증하다 보니 쌀값이 오르기는커녕 폭락한다는 건 한 해 농사를 망친 것이나 다름없다.

"생산비도 되지 않는 쌀농사"라고는 하지만 그래도 쌀농사밖에 지을 수 없는 경우는 정부의 쌀 수매에 의존해야 한다. 수매일이 정해지면 올해 추수한 벼를 추곡수매 한다.

수확한 벼를 잘 말려서 40kg 수매부대에 담는다. 조곡용 1호 포대라는 큰 글씨 아래에 품종 및 생산 연도, 주소, 이름 등을 꼼꼼하게 쓰고 농협으로 가져갔다. 아침 일찍부터 많은 분들이 왔다. 수매 시작 전 검사원은 중량과 수분 검사를 한다. 그리고 농산물품질관리원의 검사가 시작되었다. 등급 판정을 보조하기 위해 농협 조합장님도 온다. 연지곤지 찍듯이 1, 2등급과 등외의 등급도장이 꽝꽝꽝 찍힌다. 면사무소 공무원은 계약 수량과 등급별 수량을 파악해야 한다. 내 것에 착오가 있을까 봐 수매농민들은 눈을 크게 뜬다. 검사원의 등급 판정은 참석한 사람들이 모두 볼 수 있다. 일 년간의 힘듦이 보상받는 시간이기도 하다.

아버지가 벼농사를 지을 때만 해도 트럭에 가득 실린 수매부대를 그날 다 못 받아서 다음 날 농협 가는 길에 트럭째 놓아두고 오기도 하였다. 트럭이 선 순서대로 다음 날 수매를 하면 되는 거였다.

"젊은 사람이 돈 안 되는 쌀농사는 왜 지으려 해? 복숭아나 사과를 심지. 논에 물 빼고 심으면 처음 3~4년은 수익이 나지 않아도 좀 기다리다 보면 쌀농사보다 훨씬 나아."

오죽 답답하면 어르신들은 한결같이 쌀농사를 하지 말라고 하실까. 1인당 연간 쌀 소비량은 해마다 줄고 있다. 서구화되어 가는 식습관으로 밥보다는 빵을 먹고, 다이어트를 위하여 탄수화물은 적게 먹고 고기를 많이 먹으라는 식문화가 확산된 것도 한몫하다 보니 고봉밥이란 말은 없어진 지 오래다.

집으로 와서도 쉴 수는 없다. 쌀쌀한 기운을 녹이는 인스턴트 커피 한 잔 마시고는 논으로 향한다. 논두렁에 서서 고인 물을 본다. 새카맣게 탄 얼굴이 물에 비쳐 일렁인다. 쌓여있는 낙엽을 치워야겠다. 물과 지렁이와 흙과 낙엽이 섞여서 한 삽 한 삽 퍼내는 게 쉽지 않다. 장화가 무거워진다. 두꺼운 양말을 신었는데도 발이 시리다. 얼굴에 잔뜩 피가 몰릴 정도로 고개를 숙이고 있다가 허리 한번 편다. 큰길에 어린 사내아이가 엄마와 지나가는 게 보인다. 오랜만에 보는 아이가 반가워 웃음이 난다.

"너 엄마 말 안 듣고 공부 안 하면 저렇게 농사나 짓고 있어야 하는 거야."

사내아이의 얼굴도 내 얼굴도 다 식은 나물국 모양새가 된다. '농사나' 라니. 흙 묻히고 농사짓는 사람들의 삶을 폄하

하지 않기를 바란다. 농사짓는 사람들도 읽고 쓰고 보고 배우며 산다. 공부 안 하면 농사도 못 짓는 시절이다. 공부를 안 한다면 직업 선택의 폭이 좁아질 수는 있겠지만 그렇다고 농사나 짓고 있어야 하는 건 아니다.

집에 들어와 휴대폰 문자 메시지를 확인한다. 올해 벼 수매가는 1등급 기준 40kg 한 포대에 70,120원 정도가 된단다. 30,000원이 우선 지급되고, 국회에서 평균 쌀값을 결정하여 연말이 되면 확정된 수매가로 최종정산될 것이라는 내용이다. 새삼 열심히 공부해야겠다는 생각이 드는 쓸쓸한 저녁이 되었다.

감 도둑

아버지가 계실 때는 차량 문제가 없었다. 아무리 무거운 것도, 아무리 큰 것도 파란 트럭에 다 실어서 옮길 수 있었으니까. 그런데 돌아가시면서 트럭도 처분하게 되었다. 운전이라고는 겨우 경차 정도밖에 하지 못하는 나로서는 트럭을 감당할 수가 없었다.

가을이 오면 감 수확을 앞두고는 항상 트럭을 섭외하는 일이 큰일이었다. 봄, 여름 살뜰히 돌보았던 농작물을 수확하는 가을은 모두들 바쁠 때여서 시간을 내달라고 하기가 미안한 것이다.

감이 익어가는 것을 보며 수확할 날짜를 가늠해 이웃집으로 갔다. 트럭으로 감을 경매장까지 실어 주실 수 있냐고 어렵게 입을 뗴었다. 감사하게도 흔쾌히 허락해 주었다.

　　감 수확 날짜가 정해지면서 매일매일 감나무를 살폈다. 지구온난화에 따른 이상기후로 둥근무늬낙엽병이 많아졌다. 이 병이 생기면 나무 위쪽부터 감잎과 열매가 떨어지는 증상이 나타난다. 잎이 건강하여야 맛있고 영양가 있는 감을 수확할 수 있다. 목을 길게 빼며 매의 눈으로 나무를 살핀다.

　　드디어 수확하는 날이다.

　　아침부터 세차게 비가 내린다. 마당을 들락거리며 하늘을 쳐다본다. 쉽게 그칠 것 같지 않다. 해는 저물어가고 창밖을 보면서 저녁을 먹는데 밥이 넘어가지 않는다. 내일 오후에는 감을 실어줄 트럭이 올 것이다. 어쩐담. 다시 날짜를 잡아서 실어 달라고 하기도 미안한데.

　　밥을 먹는 건지, 입에 넣는 건지 모르겠다. 눈동자만 굴리고 있을 수도 없다.

　　가자! 비가 그치기를 마냥 기다리고 있을 수만은 없다. 우비를 입고 감 바구니와 손전등을 챙긴다. 부슬부슬 내리는 비를 맞으며, 손전등 불빛을 밟으며 감나무밭으로 향한다. 무섭다는 생각보다 어서 빨리 가야지 하는 생각으로 머리가 가득 찬다. 밭에는 노란 플라스틱 상자가 듬성듬성 앉아 있다. 수확을 앞두고 미리 플라스틱 상자를 가져다 두었다. 손전등을 입에 물고 감을 따려니 침이 고이다 못해 빗물과 섞여 줄줄 흘러내린다. 그래도 한 손으로는 손전등을 들고 한 손으로는 정신없이 감을 딴다. 이리 저리 옮겨 다닌다는 도깨비불처럼 일렁인다. 한참을 따다 보니 입이 얼얼하여 감나무 앞에 플라스틱 상자 두 개를 포개어 놓고 손전등을 켜 올려 놓는다. 내리는 빗속에서도 손전등 불빛은 따뜻하다. 일단 밤에는 손에 닿는 것을 먼저 따고, 아침에 해가 뜨면 고지가위나 감 따는 장대를 이용하여 딸 것이다.

추운 줄도 모르겠고, 모자가 벗겨져 머리카락이 다 젖어도 신경 쓸 틈이 없다. 그저 빨리 따야 한다는 생각만 가득하다.

그런데 이 밤중에 빨간 불빛을 내는 차 한 대가 보인다 싶더니 남자 둘이 저벅저벅 걸어온다. 경찰이다.

"절도신고 들어왔습니다. 밤중에 감나무밭에 불빛이 보인다고요. 지금 밭에서 뭐 하고 계신 겁니까?"

"보면 모르세요? 감 따고 있잖아요."

"여기 주인이세요?"

"아, 감 도둑으로 오해하셨나 봐요. 감 주인이에요. 지금 신분증이 없어서 보여드릴 수도 없네요."

"이 시간에 감을 따는 사람도 있어요? 지금 밤 10시가 넘어가고 있어요."

"어쩔 수 없어요. 종일 비가 내려서 못 땄거든요. 지금이라도 따야 해요. 내일 감을 실어서 경매장 가야 하거든요."

의심은 거두었지만 어이없다는 표정의 경찰은 어디론가 통화를 하더니 얼른 집으로 가라는 짧은 말을 해주고는 돌아간다.

고마운 경찰이었지만 시간을 뺏겨서 환장할 노릇이다. 화낼 힘도 없다. 그저 웃을 뿐. 울다가 웃다가 감을 따다 보니 비는 그쳐 있다.

그래. 이 시간이면 감 도둑으로 착각할 만도 하지. 신고해 주신 분께 감사하는 밤이다.

힘만 들고
돈은 안 된다지만

올해도 백로白露는 찾아왔다.

몇 해 동안 호두 수확을 못 했었다. 냉해도 있었고, 청설모들의 습격도 있었다. 그래도 올해는 제법 남겨 두었으니 감사할 따름이다.

물을 싫어하는 호두는 돌이 많은 산이나 물 빠짐이 좋은 비탈진 곳에 많이 심는다. 그래서 풀을 깎다가, 소독을 하다가, 퇴비를 주다가 한 번씩 구르기도 하지만 애정을 갖는 작물이다.

백로 무렵이면 농협에서는 호두 수매가 이루어진다. 5일간 수매를 받는다고 하여 이틀간 열심히 호두를 땄다. 나무의 키를 최대한 키우지 말자고 하여 댕강댕강 잘라서인지 아래

부분에 호두가 많이 열렸다. 고양이나 들짐승 같은 천적 때문인지는 모르겠지만 나무 아래의 호두는 청설모가 건드리지 않았다.

손이 닿는 곳은 쉽게 호두를 따지만 그래도 위쪽에 열린 호두는 대나무 장대를 휘두르며 딴다. 빠르게 자란 호두나무는 휘청일 정도로 긴 대나무 장대로도 닿지 않아 까치발을 들고 호두를 턴다.

힘껏 내리치다 보면 어깨는 부서질 듯하지만 후두둑 떨어지는 소리에 힘을 쥐어짜게 된다. 장대를 휘두르다 보니 체력이 소진된 상태라 땅에 떨어진 호두를 줍는 것도 만만치 않다. 허리 굽혀 줍다가, 퍼질러 앉아 줍다가, 그것도 힘에 부치면 기어다니며 줍는다. 그러다 드러눕기도 한다.

진드기며 쯔쯔가무시 등이 있으니 함부로 눕지 말라고 하나 기어다닐 힘도 없는 걸 어찌하랴. 누워서 하늘을 쳐다본다. 넓적한 호두나무의 초록색 이파리 사이로 껑충 올라간 하늘이 보인다. 구름이 움직이는 것인지 머리가 어지러운 것인지 빙글빙글 돈다. 눈을 지그시 감아본다. '힘내자, 힘내자. 어딘가에서 내가 생산한 호두를 맛있게 드실 고객들을 먼저 생각하자.' 라고 위로하며 손수레에 가득 싣고 오르내린다.

집으로 가져와 쏟아놓으니 제법 많다. 청설모가 구멍을

뚫어 놓거나 너무 시커멓게 탄저병이 온 것은 놔두고 동글동글하게 예쁜 것만 골라 지퍼 달린 망 자루에 20kg씩 담아 놓는다. 초록색 껍질이 단단하다. 마대 자루에 40kg씩 담다가 20kg씩 담으니 들고 옮기기에도 수월하다. 많이 수확한 것은 아니지만 이때가 제일 기분이 좋다. 외래종보다 작은 크기의 토종호두를 키우고 있는데 농협에서는 외래종은 받지 않고 토종호두만 받는다. 외래종은 크기는 크지만 고소한 맛이 토종을 따라오지 못한단다.

농협으로 가져가서 수매를 하는데 이때도 전쟁이다. 아침 일찍부터 줄을 선다. 조금이라도 일찍 접수하여 수매하려는 것이다. 트럭에 가득 싣고 온 사람들을 부러운 눈으로 바라보며 나는 언제쯤 저렇게 많이 수확할 수 있을까를 생각한다.

내 차례가 왔다. 망 자루에 담긴 호두가 와르르 쏟아진다. 형상선별기를 타고 올라간다. 맞닿은 롤러가 벌어지면서 크기별로 나뉘어진다. 올해는 kg당 1등급이 2,000원, 2등급이 1,700원, 3등급이 1,400원이다. 너무 작은 것은 등외라고 하여 kg당 200원씩 받는다.

산더미만큼 쌓여 있는 호두를 보며 집으로 향한다. 호두를 키우면서 울고 웃었던 시간이 생각난다. 큰 돈이 되는 것은 아니지만 아버지와 함께 산에 호두나무를 심으면서 호두 열리기를 기다리며 소독을 하고, 거름을 하고, 나뭇가지를 정리하였는데….

이틀 후 등급당 몇 kg이 나왔는지 문자메시지를 받았다. 그리고 바로 수매된 금액이 입금되었다. 이제 호두 터느라 떨어진 잔가지며 나뭇잎 등을 정리하고 퇴비로 사용할 수 있도록 긁어 모아두며 감사의 비료를 주는 일이 남아 있다.

수입 호두와 가격 경쟁이 되지 않아 호두 농사는 힘만 들고 돈이 안 된다며 한숨 쉬는 어르신들을 본다. 농사를 지으면 지을수록 수입은 마이너스가 된다고 폐원하는 농원들도 많다. 미련하다고 할지 모르겠지만 손을 놓을 수 없다. 진정한 소득 작목이 될 수 있도록 흔들림 없이 달리고 또 달려야 한다.

마무리하며

흰색 하이바

"흰색 하이바, 오늘 일은 다 끝난 거야?"

"아유~ 아저씨도 참. 부끄럽게 왜 그러세요? 논둑 정리 다 했으니 이제 감나무밭으로 가야죠. 호두나무밭은 무장공비가 나올 것 같아요. 하루하루가 풀과의 전쟁입니다."

동그란 헬멧을 닮은 한낮의 태양이 머리 위에 떠있다. 논둑의 풀을 정리하고 잠깐이라도 눈을 붙이고 싶지만 그럴 수 없다. 예초기에 휘발유를 가득 채우고는 서둘러 감나무밭으로 향한다.

아버지는 낮잠이 없었다. 예민한 성격 탓에 낮잠을 주무실 수 없는 것도 이유였지만 낮잠이라는 건 게으르고 사치스러운 행위라고 생각하는 듯했다. 일요일이라 해도 자식들의 늦잠을 허락하지 않는 것처럼. 야윈 체격임에도 불구하고 더워도 추워도 밖에서 일을 해야만 했다. 무서울 정도로 일했다. 가장이라는 무거운 짐을 짊어지고 구르는 땀방울을 훔쳐 내야만 했던 아버지. 열심히만 일하면 언젠가는 웃으며 지난날을 이야기할 날이 온다고 했다. 하지만 그날은 언제쯤일까. 오긴 오는 걸까? 가난은 줄기차게 우리 가족을 따라다녔다.

하루하루가 고되다고 생각해도 시간은 흘렀고, 어느 해부턴가 손 밑이 닳도록 일하던 아버지는 자그마한 토지를 구입하기 시작했다. 산비탈의 작은 밭, 동네 어귀의 네모반듯한 잘생긴 논 등이 아버지 이름으로 등기되면서 우리 집 허리는 조금씩 펴지고 있었다.

논을 장만하고 처음으로 모내기를 하던 날이었다. 논에 물을 가두고 흙을 썰고 다져서 모들이 자리 잡기 편하도록 만든 다음 이앙기가 지나갔다. 가족 모두 우르르 나와 생전 처음 보는 것인 양 신기해하며 행복한 얼굴로 바라보았다. 난생처음 우리 논이 생겼고 거기에 싹을 심게 되었으니 그것은 모내기가 아니라 축제였다. 닭을 잡고 술을 돌렸으니 잔칫날이 따로 없었다. 아끼고 또 아껴가며 살았던 아버지가 너무 좋은 나머지 일하는 사람들의 품도 넉넉히 계산할 정도였으니 그

기쁨을 어찌 말로 표현하랴. 그날 최고의 사치를 했다.

저게 어떻게 살 수 있을까 싶을 정도로 가냘픈 모들이 심겨지면서 아버지는 아예 논에서 살았다. 아무리 늦게 들어와도 삽을 들고 꼭 한 바퀴씩 돌았다. 그러고는 밤이슬이 내리도록 잡초를 뽑고 논둑을 다졌다. 이른 아침에 휴대폰이 울렸다. 깜짝 놀라 받으니 아버지다. 새벽녘에 깼는데 더는 잠이 안 올 것 같아 논에 나와 봤더니 벼들이 너희들 크듯이 훌쩍 컸다면서 대견해했다. 밤사이 큰다 한들 얼마나 클까마는 그렇게도 사랑스럽게 보였나 보다.

아버지에게 있어 땅은 또 하나의 자식이었다. 가을이면 마당 가득 쌀가마니를 들여 놓았다. 바라만 보고 있어도 배가 불러 숨이 찰 지경이었다. 저 많은 쌀들을 어떻게 다 먹는다지? 괜한 걱정까지 했다. 조리에 쌀을 일으면서 우리 집 형편도 함께 일어났다.

"햅쌀이 넘쳐나는데도 입맛이 없다. 딱히 먹고 싶은 것도 없고."

아버지는 입맛이 도는 약을 지어왔다. 하지만 약을 먹어도 입맛은 천 리를 달아났는지 돌아오지 않았다. 눈에 띄게 몸무게가 많이 줄었다. 담낭암이었다. 암세포가 다른 부위로 전이되어 수술조차 할 수 없단다. 수확을 끝낸 논밭에 홀로 서 있는 허수아비 같은 몸으로 투병생활을 하다 세상을 떠나셨다.

사람이 떠난 자리는 찬바람만 남는다. 유난히 추위가 길게 느껴지던 겨울이었다. 그리고 봄은 돌아왔다. 마냥 슬퍼하고만 있을 수 없다. 땅은 씨앗을 뿌려 채워 놓아야 한다. 그래야 사람도 살고 땅도 사는 것이다. 조금씩 일손을 거들던 내가 농사를 이어가기로 했다. 농기구라고는 호미밖에 사용할 줄 모르는 내가.

논농사는 계산이 안 된 지 오래지만 아버지의 자식 같은 논을 휴경지로 두어서는 안 되었다. 육묘장에서 모판을 신청하여 받아와 이웃의 도움으로 심었다. 아버지는 보조받은 흙과 자동기계를 이용하여 모판에 흙을 채우고 볍씨를 파종하여 모내기를 하였을 테다. 질퍽거리는 논을 향해 출발하는 이앙기를 묵묵히 바라보았다. 논농사에 있어서 제일 중요한 것이 물관리라는 걸 첫 농사를 지으며 몸으로 배웠다. 물을 많이 넣어야 할 때, 빼야 할 때, 그리고 논둑에 구멍을 내는 동물들 관리까지. 농사는 수확할 때까지 귀에 딱지가 앉도록 발자국 소리를 들려주어야 한다던 말씀이 떠올랐다.

사방이 낮은 산으로 둘러싸여 낮과 밤의 일교차가 크고

일조량이 풍부한 밭에는 감나무가 자라고 있다. 7~8년생이 되자 제법 많은 양의 감이 달린다. 농약 사용을 줄여보자는 생각으로 농업기술센터에서 무상으로 제공되는 EM*을 500배 희석하여 매주 살포하였다. 3월이면 나무에 유황을 꼼꼼히 살포하였으며 꽃이 떨어진 후, 열매가 힘찬 초록을 보이면 살충제와 살균제를 혼합하여 살포하였다. 영양생장기에 맞추어 비료를 시비하였다.

제초제는 사용하지 않고 직접 풀을 깎기로 하였다. 깎은 풀은 병충해 방지와 퇴비 효과까지 높여주니 일석이조가 아니겠는가. 아무리 더워도 다리 보호대와 헬맷을 쓰고 풀을 깎았다. 어깨며 팔이 두들겨 맞은 듯이 아팠지만 한 번 두 번 풀을 깎으면서 적응이 되자 요령도 생기고, 여유도 생겼다. 마을 어른들은 흰색 헬맷을 쓰고 풀을 깎는 나를 보고 "흰색 하이바"라고 불렀다. 말끔하게 풀이 깎인 밭은 금방 세수를 마친 어린아이 얼굴처럼 예뻤다.

지난여름도 어김없이 태풍은 찾아왔다. 비를 맞으며 늘어진 감나무 가지를 일으켜 세워주고 묶어 주었다. 눈물인지 땀인지 비인지 뜨거운 것이 흘러내렸다. 10월. 아름다운 계절을 맞이하였지만 또 다른 피해가 숨어 있었다. 태풍이 몰고 온 많은 비로 인하여 높아진 습도는 성숙된 감이 빠지는 생리적 낙과 현상으로 나타났다. 모두들 난리였다. 자고 나면 감이 몽땅 빠져 있더라는 말이 심심찮게 들려왔다. 눈을 뜨면 감나무밭으로 달려갔다. 가을햇살을 부지런히 받아 더 커지고 더 무거워진 감을 매달고 있는 나무에게 조금만 견뎌 달라고 부탁했다. 마음이 통했던 걸까. 낙과 하나 없이 토실하게 노란빛을 띠며 잘 익어 주었다.

곶감용 둥시는 농협경매를 통하여 판매하였다. 깍지벌레, 노린재벌레의 공격 없이 깨끗하게 자란 감은 높은 가격을 받았다. 저녁에 감을 따고 아침이면 경매장에 내었다. 눈여겨보던 곶감 농가에서 해마다 밭 통째로 둥시감을 구입하겠다고 했다. 판로 걱정을 한시름 놓았다. 바쁜 농사일 속에서도 일기 쓰듯 틈틈히 SNS에 사진을 올리고 기록하였다. 퇴비를 하고, 잎이 나고, 꽃이 피고, 열매가 열리는 제대로 된 모습을 보여 주는 것도 농민의 역할이다. SNS를 통하여 많은 분들의 응원과 격려를 받았다.

대봉감이 익어가면서 SNS 친구들을 초대하여 팜파티를 열었다. 인터넷이 아무리 발달해도 결국 사람은 사람 속에 있어야 한다. 농장도 방문하고 직접 감을 수확해 볼 수 있도록 하였다. 보기만 하였지 처음 감을 따본다는 분도 있었다. 수확한 감을 한아름 가져가는 사람들의 얼굴도 감을 닮아 선홍빛이 되었다. 일부는 택배로 판매하였다. 한 개 한 개 스티로폼 망으로 포장하여 넉넉하게 상자에 담았다. 감나무밭을 정리하면서 고맙다 고맙다 속삭여 주며 감사의 비료를 주었다. 그렇게 한 해 농사는 마무리되었다.

 빠르게 변화하는 흐름에 더디고 뒤처진다고 농업을 세련되지 못한 일이라고 해서는 안 된다. 농사는 기다림이 필요한 일이다. 농부는 생산력을 예측할 수 없다고 하늘을 탓하고 논밭을 탓하지 않는다. 올해 농사가 잘 안 되면 내년에 다시 지으면 된다. 그렇게 생명을 살려 나가는 것이다. 먹거리를 생산한다는 것은 몸은 물론이고 마음까지 채워주는 자랑스러운 일이다. 그래서 적은 양이라도 가치 있게 만들어야 한다. 그리고 그런 가치를 알아주는 세상이 되었으면 하는 바람을 안고, 오늘도 아버지의 숨결이 가득 배어 있는 들녘으로 향한다.

* 유용미생물